ヤマケイ文庫

北岳山小屋物語

Higuchi Akio

樋口明雄

Yamakei Library

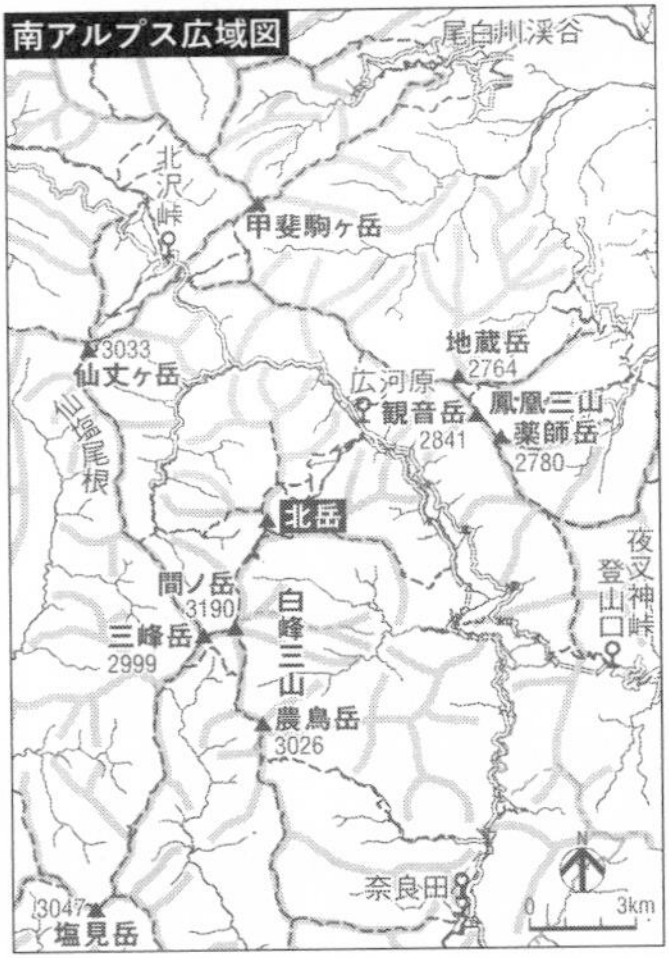
南アルプス広域図
尾白川渓谷
北沢峠
甲斐駒ヶ岳
3033
仙丈ヶ岳
仙塩尾根
地蔵岳
2764
広河原
観音岳
2841
鳳凰三山
薬師岳
2780
北岳
間ノ岳
3190
三峰岳
2999
白峰三山
農鳥岳
3026
夜叉神峠登山口
奈良田
3047
塩見岳
0
3km

北岳周辺図
北沢峠へ
野呂川出合
0
1km
野呂川
小太郎山
2725
白根御池小屋
広河原
1520
草すべり
右俣コース
広河原山荘
両俣小屋
北岳肩の小屋
通行不可
大樺沢二俣
3193
北岳
八本歯のコル
野呂川越
北岳山荘
間ノ岳へ

はじめに

二〇一七年九月——。

私は単独で北岳《きただけ》に登り、白根御池《しらねおいけ》小屋に宿泊していた。

〈南アルプス山岳救助隊K-9〉——北岳が舞台の一連の小説をシリーズとしてずっと書き続けてきたせいか、この山には並々ならぬ想いがあり、毎年のように通い続けている。中でも作品の重要な舞台のひとつである白根御池小屋は、この山行の中でももっとも楽しみにしている場所だ。

山に会いにゆく、それ以上に、この山にいる人々に会いたい。

この山小屋の管理人である髙妻潤一郎《こうづまじゅんいちろう》と裕子《ゆうこ》夫妻、そしてスタッフの方々の笑顔に触れることが、登山における何よりの楽しみだった。

私のみならず、ここを訪れる登山者たちを気持ちよく迎えてくれるあの笑顔の中に、いったいどんなドラマが隠されているのだろうかとずっと思っていた。

その夜、一般の宿泊客の食事が終了したあと、山小屋の厨房の大きなテーブルで髙妻夫妻と、スタッフの若者たちといっしょにアットホームな雰囲気に包まれて食事をしながら、私は彼らのことを少し羨《うらや》ましく思った。

高妻の指導はとても厳しい。しかしながらその厳しさにはちゃんとした理由がある。

仕事に途惑《とまど》い、悩み、泣き出す若者もいる。

それでも白根御池小屋で寝食を共にしながらここで働いていくうちに、彼らの顔はしだいに輝いてゆく。

素敵な笑顔になってゆく。

管理人の高妻夫妻、そしてアルバイトの若者たちが、そうした汗と涙の日々を送りながら山小屋で働き続ける、その時間のほんの一部でも見られたことを、私はとても幸せに思っている。

小説家である自分がノンフィクションを、それも北岳にある山小屋の管理人、従業員たちに取材して、現場ならではのいろいろな苦労話をリアルに書いてみたい。できれば白根御池小屋だけでなく、北岳にある五つの山小屋をすべて取材してみよう。そう思ったことがこの企画の始まりだった。

一般の登山者がうかがい知ることができない山小屋の裏側。

さまざまな苦労や血のにじむような努力。悩み、喜び、山で仕事をし、山で生きていくことの意義。本書を通じて少しでもそれを読者の方々に理解していただけることが、筆者としての真摯《しんし》な願いである。

文庫版にそえて――（二〇二三年加筆）

単行本『北岳山小屋物語』の刊行からおよそ三年――。

その間に北岳の山小屋事情は大きく変わった。

経営の変動、管理人、スタッフらの異動があったり、あるいはコロナ禍等の諸事情で改装や建て直しがあったり……。

山はいつもそこにある。しかし、山小屋やそこで働く人間は移り変わる。

惜しまれつつ山を去ることになった人たち。

新しく山小屋に着任した人たち。

そんな北岳の最新事情をふたたびお伝えするべく、このたび『北岳山小屋物語』文庫版の出版に際し、追加取材および加筆修正を行ったものをお届けする。それぞれの山小屋のエピソードの末尾に追記している。

単行本版をすでにお読みの方、あるいはこれから北岳に向かう登山者の方々の楽しみと、いくばくかの指針になればさいわいである。

白根御池小屋

白根御池小屋 DATA

標高2236m、北岳の北東、白根御池畔に建つ。広河原から約3時間。北岳まで草すべり経由で約4時間30分。収容人数51人（新型コロナ感染拡大防止のため削減中）。6月中旬〜11月上旬営業。問合せ先☎090-3201-7683

1

南アルプス北岳《きただけ》、白根御池《しらねおいけ》小屋の管理人、髙妻潤一郎《こうづまじゅんいちろう》は袖をまくって腕時計を見た。時刻を確かめるのは、これで何度目だろうか。

約束の時間をすでに二十分近く過ぎていた。

苛立《いらだ》ちがあったが、それを胸の奥に押し込むようにした。自然と吐息が洩《も》れる。

「困ったわねえ」

傍《かたわ》らで妻の裕子《ゆうこ》が苦笑いしている。

相手の携帯電話に何度もかけて連絡をとろうと試みた。しかし、呼び出し音が何度か続き、留守電モードになるばかり。先方はいっこうに電話に出ようとしない。

池袋駅の構内。待ち合わせの場所として知られている〈いけふくろう〉の像の前だった。

ここで会ったら、近くの喫茶店に入り、山小屋のアルバイトの面接をする予定になっていた。

五月に入ったとはいえ、都内にはまだ寒さが残っている。周囲を行き交《か》う若者たちは、色とりどりのウェアに着膨《きぶく》れて、カップルや何人かのグループで歩いていた。彼らの楽しげな笑顔や声が少し疎《うと》ましく思えてきた。

白根御池小屋は、毎年、六月から十一月の期間のオープンだから、それ以外、高妻は基本的には山を下りている。ただし、まったく山小屋の仕事から離れるわけではなく、次年度に小屋で働くアルバイトの募集は小屋開け四カ月以上前の一月からもう始まっている。

例年、およそ十名程度。男女五名ずつを雇《やと》うが、なかなか数が揃わないのが悩みだった。

最近はどこの山小屋も人手不足なのだという。

高妻たちにとっても、その年、アルバイトの人数が不足した状態のまま、六月末の小屋開けが迫っていた。すでにこの時期、夫婦の住まいがある埼玉と、山小屋がある山梨との間を何度も往復するようになり、毎日がかなり多忙だったが、そんな中で渡りに舟のような、一本の応募の電話だった。

だから何とか時間を作り、今回の面接のために池袋に赴《おもむ》いた。

また腕時計を見た。

約束の時間から、すでに三十分が経過していた。

携帯電話でまたかけてみるが、やはり相手からの応答はない。

今回の応募者は二十代の若い女性だった。わかっているのは名前と携帯電話の番号だけ。昔は面接前に履歴書を郵送してもらったものだが、最近はそんな手続きを面倒がる若者がいて、面接のときに直接、渡してもらうことが多かった。

「どうする？　もうあきらめたほうがよくない？」と、裕子が不安な顔でいってくる。

「あと十分だけ待ってみよう」

そういってから、周囲を歩く人々を眺めた。

すっぽかされたという思いはとっくにある。

しかし、万が一ということもある。たとえば本人が事故に遭《あ》っていたり、周囲の人間に何かがあってトラブルに巻き込まれているとか。そんなことを考えたって仕方がないのはわかっている。高妻はそれでも信じたいのだ。損な性格とわかってはいても、自分は人相手の仕事をしているのだから。

約束から四十分が経過した。

相手は姿を現さなかった。

高妻は裕子とともに近くの店でお茶を飲んでから、念のためにもう一度だけ、待ち合わせの場所に戻り、それらしき姿がないことを確認し、仕方なく立ち去った。

けっきょくそれ以後、本人からの連絡はなかった。

個人的なトラブルがあったなら、あとでそのことを伝えてくるはずだが、やはりすっぽかしだったことはおそらく間違いなく、高妻としてはかなりがっかりした。山小屋のアルバイトを募集するようになって以来、こんな経験は後にも先にも一度きりだったが、やはり落胆の気持ちがあって気が重かった。

高妻潤一郎は一九六四年、愛知県に生まれた。中学高校と、吹奏楽に夢中になっていたという。その吹奏楽の特待生として近畿大学に入学し、やがて愛知工業大学に再入学、卒業したのち会社勤めをするが、二年目に離職、趣味の登山を生かして山小屋で働き始めた。それが縁となって山岳専門の旅行会社〈アルパインツアーサービス（株）〉に就職。ツアーリーダーのひとりとして、これまでキリマンジャロやヒマラヤなどを案内してきた。

二〇〇五年からは白根御池小屋の管理に携わり、NPO法人芦安《あしやす》ファンクラブのメンバーとして小屋の指定管理を南アルプス市から委託されるようになった。また山岳写真の第一人者である故・白籏《しらはた》史朗《しろう》との出会いがあり、その助手として山を渡り歩いてきたことが、彼をまた山岳写真へ傾向させる理由となった。

新潟県出身の妻、裕子は高妻の人生のパートナーとして、かつまた仕事の相棒として、埼玉の自宅と山小屋とでともに時間を過ごす。高妻は管理人として白根御池小屋で職務の実質的リーダーを担当するが、ときとして山岳遭難があれば救助に出向くこともある。

　高妻が救助現場にいたり、あるいは所用で下山をしている間などは、裕子がアルバイトたちのリーダーとして、彼ら彼女らをまとめてゆくのである。

「近頃の若者は、できる子とそうでない子の差が明確なんです」

　高妻ははっきりとそういう。

　アルバイト希望者との面接のとき、いつも高妻はこの仕事を選んだ動機を訊《たず》ねる。

「体力に自信がありますから」

「協調性があるところが、私の長所ですので」

　そんな通り一遍な答えをいってくる若者は、現場ではまず使えない。

　ありふれたフォーマットの言葉でしか自分を表現できない。そんな若者たちは、やはり仕事においてもフォーマット通りにしか働かない。つまり応用が利かないのである。

「一日一日、完結した仕事をしてみたいんですとか、そんな自分の言葉で気持ちをはっきりと伝えてくる若者は、職場でもてきぱきと働いてくれるし、ときにはリーダーシップを発揮できたりもしますね」

やれといわれたことができないのは論外。いわれたことをきちんとやるのは当たり前。それ以上のことをやれるかどうかが、本当の評価の基準となると、高妻は思っている。

「山小屋のアルバイト公募はインターネットの専門サイトにアップしてもらうんですが、そこから応募してくる人たちの電話での口調や話しぶりで、まず相手のだいたいのスキルがわかるんです」

だらだらした話しぶりや、タメ口で話してきたり、無礼な会話をしてくる相手には、それとなしに山小屋の仕事の厳しさをネガティブにアッピールして尻込みさせたり、「履歴書をまず送ってください」といって電話を切ったりすることがある。

「家出中であることを匂わせて、〝山小屋で働きたいんです〝と、コンビニからファックスで履歴書を送ってきた若い男性はさすがに断りましたよ。それから、〝今、日本一周計画の旅行中で沖縄にいるんですが、これから九州、本州と北上していって、途中で南アルプスの山小屋でバイトなんてどうかなと思って電話しました〝なんていってきた若者がいて、これもまた悪いけどあきらめていただきました。そんな半端な気持ちで、うちに仕事をしに来られても困るんですね」

一方で、面接で実際に会った応募者を断ることはまずないという。

つまり面接というのは応募者の振り分けのためにするのではなく、実務の最初の段階だと髙妻は思っている。仕事に関して踏み込んだ話をし、注意事項や持ち物を伝達するために行われる。だから、先のように面接そのものをすっぽかされたのはかなり心外なことだった。

多くの若いスタッフは最初の段階では張り切っている。自分たちなりに山小屋の仕事に、夢とか憧れを持っているのだろう。だから目が輝いている。

「夜は街明かりもなくて真っ暗だし、しーんと静かで、コンビニもファミレスもないようなところに一カ月とかそれ以上いるんだけど、それでもいいの？　っていうと、たいていは大丈夫ですと胸を張って応えてくるんですね」

ところが小屋で働き始めると、何日もしないうちに多くが疲弊《ひへい》し、萎《しお》れてしまう。中には途中で脱落する若者もいるが、頑張《がんば》って仕事を続ける若者がほとんどだ。それでも、明らかに仕事と生活のつらさが、彼らの表情に出る。

だから、つかの間の休暇を取って下山を許されると、まずは街の中に飛び込み、ハンバーガーや牛丼などをむさぼるように食べているという。

彼らの中で、山という仕事場の対極にあるものが都会の味で、しかもそれがジャンクフードあるいはファーストフードということが悲しむべきことであるか否かはともかく、今の若者たちにとってそれは切り離せないものらしい。

「自分の個性というものをはき違えている子たちもいますね」

今の若者たちは奥手なタイプももちろんいるが、ハキハキとものをいう者が多い。ただし、だからといって当人がどんな人間であるかは別で、あっけらかんとした顔で当たり前に非常識なことをいってきたり、行動を取る者もいる。

「たとえば面接したあとになって、やっぱりやめますって電話してくるんですね。それで理由を聞いたら、他に条件のいい山小屋の仕事が見つかったからって臆面《おくめん》もなくいってくるわけです」

それも不器用な口調ではなく、こなれた話しぶりをするような若者にかぎって、そんなことがあるという。つまり本人にしてみれば、自分が思っていることをふつうに口にしているだけであって、その言葉が相手を傷つけたり、常識的ではないということに気づかない。

いかにも現代っ子だといってしまえばそれまでだが、しかしながら、せっかくなんだからと、山小屋での仕事を通じて、そんな彼らに何かを学んでもらいたいという気持ちが高妻の中にはある。

山小屋の仕事というのは特殊なものだというイメージがあるが、意外にそうでもないという。

掃除《そうじ》、洗濯、料理や配膳《はいぜん》。それに客の接待など、日常生活の延長線上のものだったり、他の職場でもよくあるようなありふれた接客業が主だ。

そんなルーティンな仕事の中でも、アルバイトの若者たちには差が出てしまう。

「もちろん、最初から何もかもをやれるべきだとは絶対にいいません。むしろ、うちで働くようになって、いろんなことを学んでできるようになってくれたらと思うんです。だから仕事は多岐《たき》にわたってやってもらいます。できたらすべての業務をみんなにやってもらいたいですね」

若者たちの何人かは、そもそも職場という環境を理解していない。

会社勤めが未経験な学生だったり、定職に就《つ》かずにフリーター経験のみといった人たちに、職場の上下関係だとかサービス業の真意を伝えるのは難しい。

「お金を稼ぎにくるとかよりも、まず、そこが楽しいかどうかで仕事をはかるんですよね」

高妻は苦笑いしながらそういう。

だからプロ意識を持とうとしない。遊び感覚の延長線上にあるから、率先して動いたり、手伝ったり、目上の人や仲間に積極的に呼びかけたりしようとしない。働くことで何かを学んだり、経験として自分の血肉にしようという意識がなく、ただそこで時間を過ごすという意識だけを持っている。与えられた仕事を前に途惑《とまど》うことも多々あるし、自分勝手にルールを変えてしまったり、中にはパニックを起こしてしまう者もいる。

白根御池小屋では客室の清掃の徹底は当然として、布団《ふとん》のたたみ方に至るまで細心の注意を払っている。布団や枕、シーツ類の清潔を保つのは当たり前で、すべての布団をきちんときれいにたたみ、きれいに並べて、午後の登山客の来訪を待つ。

「部屋に入られたときのお客様の心証が違うんです。だから、布団のたたみ方もしっかり学んでもらいます。各部屋のきちっとした布団の整理の仕方を新しいスタッフたちに見せて、どう？　って訊くんですね。先輩たちのてきぱきとした布団のたたみ方や並べ方にならって、同じことができるようにならなければいけないんです」

高妻のそんな思いも、最初はなかなかアルバイトのスタッフたちに伝わらない。何度こころみても布団がきちんとたためないということで混乱したり、そのことで悩むスタッフもいる。

あるいはまた、灯油のポンプを使うとき、最初はどうしても燃料をこぼしてしまう。なぜこぼれるのかということをちゃんと理解できれば、同じミスを二度とくり返さないはずなのに、また同様の失敗をしてしまう。

つまりは洞察《どうさつ》力の問題である。

本来はこうしなければならないというルールに気づけばいいが、そうでない場合は勝手に解釈をしてしまい、さらに失敗を重ねることになる。

最初からそういうことができたり、わかっていたりするスタッフもいるし、一度、失敗をしたら、そこからすぐに学ぶ者もいる。が、そうでなく、同じ失敗を何度もくり返す。そうなるといやでも能力の差が見えてきてしまう。

「料理がちゃんとできる子は、だいたい何をやらせても上手なんです。逆に料理をしたことがなくても、他で器用な子は、すぐに料理を覚えます」

そもそも料理というものは、人間の脳を活性化させる行為なのだと高妻はいう。

料理は前頭前野《ぜんとうぜんや》という領域を使うが、ここはいわゆる前頭葉《ぜんとうよう》に位置して、人の頭脳における最高中枢といわれている場所だ。

料理は視覚、嗅覚、味覚、触覚、聴覚という五感のすべてを駆使《くし》して行われる。材料の選別をし、何をどう組み合わせ、どうやって作るかという想像力をはたらかせ、さらに包丁などを使って切ったり、まぜたり、こねたりなどの手先、指先の細かな動きを必要とし、火を使って茹《ゆ》でる、炒《いた》める、そして盛りつけるというプロセスにおいて、脳は休むことなくフル稼働するのである。

想像力が乏《とぼ》しかったり、不器用だったり、大ざっぱすぎたり、面倒くさがり屋なタイプは料理が不得手である。

逆に料理を率先して覚えようとすれば、五感を駆使するそれらの行為が脳にフィードバックして刺激し、器用な人間へと鍛えられることだってある。

だからこそ、高妻は山小屋で働くアルバイトの若者たちみんなに、料理をしてもらいたいと思っている。それがやれるようになれば、他の仕事への応用も利くからである。

そして彼は、料理や盛りつけ、配膳の仕方のみならず、食堂が空いたあとの、スタッフ同士の食事のとり方にまで目配りをし、こだわる。

配膳の順番も、まずは職場のトップである高妻が最初。みんなでいただきますといって、箸をつけるのも彼がいちばん先でなければならない。一部の若者たちはそうしたことを家庭や学校で教わらないため、なぜそうなのかという意味を理解しないのだという。

「他の山小屋のスタッフたちの食事の場でも、たとえばスマホとかを見ながら食べてる子たちを見たら、私は叱《しか》りつけたくなりますね」

かつて白根御池小屋のある北岳一帯は携帯電話の電波の不感地帯で、山頂付近まで登らないかぎり、どの会社の携帯も「圏外」だった。ただし、白根御池小屋に至る直登ルートの途中、小屋からおよそ二十分ぐらい歩いて下ったところに、偶然、NTTドコモの電波が入る場所があって、そこはスタッフたちから〝ドコモポイント〟と呼ばれていた。

その頃は、日に一度ぐらい、裕子やスタッフの誰かがその日の当番となってそこに行き、みんなのぶんの携帯のメールやメッセージなどを受信して、小屋に戻っていた。

のちに、麓の広河原《ひろがわら》にNTTドコモのパラボラアンテナが建てられた。あくまでも緊急用ということで出力は3G、一度に三十回線しか使えないものだが、それでも白根御池小屋のスタッフたちは、そのおかげで常時、小屋でスマホや携帯電話が使えるようになった。

しかしながら、個人に与えられた休憩時間ならともかく、日頃から好き勝手にスマホをいじっているようでは話にならない。それがたとえ食事のときでもだ。

なぜなら、スタッフの食事というのは、同じ山小屋に暮らし、働く仲間同士の懇親の場として、とても大切な時間だからだ。

職場のリーダーである高妻の話を聞き、裕子と語り合い、スタッフ同士で和気藹々《わきあいあい》と談話しながら食事をとる。

ときには誰かの悩みに耳を傾け、みんなで話し合ったり、アドバイスをしたりする。そんなことが実はとても貴重で素晴らしいものだと、小屋で働く若者たちが気づくまでには、いつもながら少し時間がかかる。

そうして六月の小屋開けから、一日、また一日と山での仕事をこなしながら、若いスタッフたちは鍛えられ、幾多の泣き笑いがあり、ともにこの小屋で過ごしてゆく。

別れの日は、涙を浮かべながら手を振り合う。

ここで過ごした日々のことは、きっと彼ら彼女らの忘れられない体験、記憶となって、一生ずっと残るだろう。そうした若いアルバイトたちを職場である山小屋から送り出すときの高妻と裕子の顔はとても優しく、滋味《じみ》に満ちあふれている。

2

標高三一九三メートル。南アルプスの主峰、北岳の登山シーズンは毎年、六月から始まる。

その前の月、五月下旬に芦安の山の神で登山のための安全祈願祭が行われ、環境省や市の職員、各山小屋の管理人などが一年の安全を祈念する。白根御池小屋の管理人、髙妻潤一郎と裕子の姿もそこにあった。

祈願祭が終わると、その日のうちに小屋開けの準備に取りかかる。

参加するのはアルバイトに採用されたおよそ十名の新人スタッフのうち、男子ばかりの数名である。

野呂《のろ》川広河原インフォメーションセンター脇の駐車場に許可車両を停めると、そこから吊り橋に向かってみんなで歩き出す。視界の左、野呂川を挟んだ向こう側に、青空を突き上げるように屹立《きつりつ》する北岳の雄姿がくっきりと見える。

大樺沢《おおかんばさわ》の渓谷も八本歯《はっぽんば》のコルも勇壮なバットレスも、雪と岩が黒と白のツートンの斑《まだら》模様になっていて、麓は春なのに山の上はまだまだ冬の最中だということがよくわかる。

若者たちはそろって足を止め、白銀の山を見上げている。自分たちの荷物にくわえ、数日分の食料を入れた重たい背負子やザックを担ぎながら、それぞれが緊張した面持《おもも》ちだ。

「私たちは、みんなとは個別に面接などで会っているわけですけど、彼らスタッフ同士は基本的にここで初顔合わせです。だから互いの距離を見定めているようなところがあるんですね」

毎年、顔ぶれは違っても、それはいつも同じだと高妻はいう。

足元が不安定にグラグラと揺れる吊り橋を渡り、対岸からはいよいよ小屋への直登ルートの始まりである。

「私はこの日よりも少し前に、妻といっしょに御池小屋まで下見に行っているため、ルートや小屋の周りの積雪の状況は摑《つか》んでいます。ふたりで下見に行くときはかなりの積雪量なんですが、小屋開けで最初に新人スタッフたちと登る五月下旬には、もうずいぶんと雪が解けています。それだけ一気に気温が上昇する時期なんでしょう」

広河原から白根御池小屋まで無雪期なら二時間半のコースタイムだが、途中からはアイゼンやストックが必要な本格的な雪道となり、それだけ時間もかかる。中にはごくまれにだが、まったくの登山未経験者がいて、さすがに重たい荷物を持たせられなかったこともある。

「彼らの最初の仕事は、登山ルートの障害物の除去なんです。雪をかぶって折れた枝や転がってきた大きな石などがトレイルに点々と落ちています。それをひとつひとつ取り去っていかねばなりません。というのも、これから先、この道はみんなの〝通勤路〟であるし、登山者たちがたどる大事な道でもあるからです」

倒れた幹をノコギリで切ったりすることもあるが、あまりに太いものは、後日、チェンソーを持ってきて処理するという。

こうして樹林帯を延々と登り続けるルートは、山馴《な》れしていない若者たちをバテさせるが、たとえばトラバースルートなどの危険箇所は時節柄、雪が凍らず腐っているため、さほど緊張を強《し》いられることはないそうだ。

深い樹林帯を抜けると、彼らの職場が、すぐ目の前に見えてくる。

純白の雪に半ば埋もれた姿でみんなを待ちかまえている。

白根御池小屋は、一九二八年に山梨県が建てた大樺小屋から始まった。以来、ゆうに九十年の歴史を刻んでいる。

もともと今の場所のすぐ近くに三角屋根のロッジ風山小屋ができて営業していたが、

九九年四月に雪崩を受け、基礎が損傷するなどして半壊状態となった。それが取り壊され、七年間、プレハブの山小屋が登山客たちを迎え入れていた。

二〇〇五年の十月、三億六千万円の費用をかけて、今の山小屋が現在の場所に再建された。鉄骨二階建てで建築面積約六百三十平方メートル、百二十名の宿泊客が収容可能な大きな施設である。

高妻は歴代の管理人としては九人目にあたる。

彼がここを仕切るようになって、すでに十年以上が経過し、毎年五月の小屋開け作業もそれだけの回数を経験してきたことになる。

若者たちは小屋の前に積もった雪を見て立ち尽くしている。

「雪がまったくないときもありますが、三メートルぐらい積もっていることが多いですね。とりわけ屋根からの大量の落雪が小屋正面の出入口を覆《おお》うように小山を作っていますから、そこからは入れません。まずは裏口に行って扉の施錠を外し、全員で中に入ることになります」

本来なら、これでひと息つけるところだが、前の年の十一月から半年以上、雪に埋もれていた山小屋の中は、実は外部と変わらないほどに寒い。みんなの口元から白い呼気が洩れている。

玄関ロビーを上がった場所に設置された石油ストーブに火を点《つ》けると、ようやく若者たちの顔がほころぶ。

雪の中のハードな登山で汗だくになっているため、すぐに着替えさせることも忘れてはならない。

躰《からだ》が温まってきたら、外の光を入れるために全員で各部屋の雨戸を開ける。

その間、髙妻が発電機の始動の準備をする。

小屋のメイン電源である発電機は、人間にたとえると心臓のようなものだから重要だ。小屋の下見のときに試運転はしておく。白根御池小屋には屋根に設置したソーラーパネルによる太陽光発電もあるが、補助的な電力でしかなく、やはりメインは発電機だという。

小屋全体の照明はもとより、暖房器具であるペレットストーブも電気が来なくては作動しない。

発電機は冬の間、バッテリーを外し、毛布を掛けて保管してある。バッテリーを接続し、燃料も抜いているので注入し、エンジンを始動させる。これで電気という大切なライフラインのひとつが復活したことになる。

壁掛けなどの時計はすべて電池を外しておくそうだ。

「前年の十一月、小屋閉めをしたその日のその時刻を指したまま、山小屋のすべての時計が止まっているわけです。それを見るたびに、なぜか感慨にとらわれてしまうんですね」

小屋閉めから小屋開けまで、ここでの時間がずっと止まっているような奇妙な錯覚があると髙妻はいう。

冬の間、客室の布団はすべていちばん暖かな部屋にまとめて置いてある。それでもさすがに冷え切っている。下見のときに外の光が差し込むように雨戸を開けておいたから、布団は少し暖かくなっていて、その夜から使えるようになっている。ただし一階の従業員室は寒くてまだ使えないため、しばらくは二階の客室で寝泊まりすることになる。

それぞれが寝床の用意をしてから、みんなで持参したおにぎりやカップ麵などでその日の夕食を取る。

厨房の火器はプロパンガスがメインだが、接続がまだできていないときは、予備として常備しているカセットコンロを使う。ポリタンクに保管してある水を薬缶《やかん》に入れ、石油ストーブに載せればお湯になる。ただし、まだ水源から水が引かれていないため、洗い場が使えない。ゆえに最初のうちは紙皿や紙コップを使う必要がある。

食事のあと、高妻は若者たちに明日からのスケジュールなどを説明する。ロープの結び方や登山用具の使い方などのレクチャーもする。新人スタッフたちの研修は、もうこの時点から始まっているのである。

二日目からは、本格的な小屋開け作業に入る。

まずは雪かきである。

新人スタッフひとりひとりがスノーシャベルやスコップ、スノーダンプなどを使い、手作業で除雪していかねばならない。まさに重労働だ。小屋の正面玄関は荷物の搬入のため、さらに御池の周辺も、ヘリによる荷揚げのために広いスペースを確保しなければならない。

そしてもうひとつ、この日から始めるべき重要な任務がある。

小屋の裏山にある水源にタンクを設置し、そこから小屋まで山の水を導引してくる。水引きと呼ばれる作業である。

「雪がない年は半日で終わることがありましたが、雪が積もっていると作業終了までに最低でも二日はかかります」

まず何メートルも積もった雪の急勾配を全員で水源に向かっていく。スキー場のゲレンデの斜面を這《は》って登るような感じだという。

「水源の場所は決まっているので、現場でダケカンバの木立を見上げながら、あの辺だと見当をつけてそこに到達します。しかし正確な場所は不明なので、雪崩《なだれ》の捜索に使うゾンデ棒（プローブ）などで、雪に深く埋もれた水源を探るわけです」

水源付近の斜面に積もった雪は、多いときで深さ八メートルに達することがあるという。しかも硬く凍りついた雪なのでスコップなどでは掘れない。

高妻がチェンソーで雪を切り分ける。純白の森に、ツーサイクルエンジンのはでな音が響く。その間、スタッフたちは危険を避けるため距離をとられればならない。

切り分けが終わると、むせるような排ガスの残滓《ざんし》の中、スタッフたちが雪の塊《かたまり》をスコップで下に落とし、別のスタッフたちがスノーダンプでそれを運ぶ。

全員がヘルメットをかぶり、ハーネスを装着してロープで確保という状態での作業である。雪の下にシュルントと呼ばれる隙間があったりするし、雪面を踏み抜いて埋もれた沢に落ちれば、思わぬ大怪我《けが》をする危険性があるためだ。

ブロック状に雪を切り分けては搬出し、水源である沢を掘り出すまでの二日間、極度の疲れと緊張感の中での過酷な作業が続く。

ようやく雪の中から沢が露出すると、積雪の下、トンネル状に口が開いたところにタンクを運び込む。設置が完了したら、岩の間から流れる沢水をパイプでタンクに導水し、次にホースを繋《つな》ぐ作業に移る。

冬の間、ホースはとぐろを巻かせてタンクといっしょに収納してある。

「ホースの直径は四センチですので、中に空気が入ってしまえば水が流れなくなります。だから最初の一本目のホースをタンクに繋いでまず水を流し、内部の空気が水に押し出されてなくなるのを待ってから、次のホースを繋ぐという手順となるわけです」

いくつかホースを繋ぐと、中間タンクと呼ばれる簡易トイレぐらいの大きさのタンクに接続する。流れてきた沢水をいったんここで溜めておき、さらにそこから山小屋までホースを繋いで水を引くのである。

小屋の横にある受水槽いっぱいに水が溜まるまで半日かかるという。

冬の間、水抜きをしてバルブを閉めていた小屋の配管をすべて復活させると、それぞれの蛇口からようやく水が出るようになる。自然流下だが、かなり水圧があるので二階の蛇口まで水は昇っていくそうだ。


炊事などに使うガスは、地下室にプロパンのボンベがあるため、その出入口の雪を掘らねばならない。ガスボンベに配管を接続すると、次は屋根に登ってボイラーの煙突を組み立てる。

屋根の雨樋も雪で壊れないように外してあるため、これも屋根に登ってつけ直す。軒先にパラボラアンテナを立てて角度を調整すると、テレビの衛星放送が観られるようになる。

「この頃になると、スタッフたちも疲れの中に笑顔が見えてくるんですね。自分たちのひとつひとつの努力が実って、ライフラインが少しずつ復活していく。生活ができるようになっていく。そのことを身をもって体験できるからなんです」

衣食住を保障される街での生活では、すべてがあって当たり前だ。

それがほとんど皆無という状態から、日常の生活空間をひとつひとつ作り上げていく。それが新人スタッフたちにとってはまったく新鮮な体験だし、驚きの連続になる。そのすべてを自身の手で作っていけたという実感と満足感が、いつしか彼らの中に笑顔を作り出すのである。

冷蔵庫が稼働し、いつでも冷凍食品などがストックできる状態になれば、いよいよ荷物を運び込む準備にかかる。

「小屋開け開始から一週間で、ここまでたどり着かせます」

高妻の指導のもと、綿密なスケジュールにもとづいて、すべての作業は行われる。

その一週間の作業ののち、若いスタッフたちはいったん下山する。麓の街で買い出しをしたりしてから、その翌日、本格的な荷揚げの準備にかかる。

アルバイトに応募し、採用された女性スタッフたちも、この日から入山となるため、広河原で合流する。

やがてユニック（小型クレーン）を搭載した大型トラックが荷物を満載してやってくる。

トラックは御池小屋の建築のとき、鉄骨などを運んでくれた地元の業者である。荷物の中身は食料が大半だが、山小屋を補修するための材料や工具なども含まれている。

大型トラックの到着と同時に、待っていたスタッフたちが荷造りを開始する。

モッコと呼ばれる太いロープを編んだ網を、あらかじめ地面に広げておく。パレットに載せたかたちでトラックに積まれていた荷物が、ユニックのクレーンで次々とこのモッコの上に下ろされる。スタッフたちはそれぞれの荷物をモッコで包み、上部を縛ってフックがかけられるようにし、それをヘリが吊り下げて運ぶのである。

ひとモッコと呼ばれる一回の荷物の上限は、およそ五百から六百キロの重量制限。

これを二十個作る。つまりヘリの往復も二十回ということになるが、高妻たちスタッフもヘリに乗って小屋に飛ぶため、多いときで二十五、六回の往復となるようだ。

やがて爆音とともにヘリが飛来する。

機体には東邦航空と書かれている。かつては山岳遭難救助で名を馳《は》せた会社だ。

ヘリが近づくにつれ、頭上からすさまじい強風がぶつかってくる。メインローターが引き起こすダウンウォッシュと呼ばれる風が、地上にいる者の髪を乱し、土煙を蹴《け》立《た》てる。想像を絶するような風圧である。

山小屋に荷物を運び込む男性スタッフたちが、まずヘリに搭乗して飛ぶ。ほとんどがヘリに乗るのは初体験だ。歩けば無雪期でも二時間半かかるのに、ヘリだとわずか数分で小屋の上空に到着することに驚く。

純白の雪に囲まれた白根御池小屋が、上空から小さなマッチ箱のように見下ろせる。

それがだんだんと近づいてくる。

ランディングの場所は御池の畔《ほとり》だ。ヘリから吹き下ろされるダウンウォッシュで飛ばされないよう、あらかじめ小屋の周辺の小枝などは片付けてある。玄関前の立て板も飛ばされることがあるから、すべて除去済みである。

雪の粉を散らし、もうもうと巻き上げながらゆっくりとヘリが下降する。

スキッドが接地するかすかなショック。機体側面のスライドドアが開けられて、搭乗していたスタッフたちは次々と地上に降りる。高妻の指示で、彼らはヘリによる荷揚げに備えてスタンバイを完了する。

そこからが正念場である。

広河原のヘリポートに並べられたモッコは二十個。ヘリはここと山小屋を往復しては、次々と運んでくる。

最初のモッコが小屋の前に下ろされると、スタッフたちが駆け寄って荷を解き、段ボール箱などを小屋に運び込む。ひとつのモッコで五、六百キロぶんの荷なので、すべてを運ぶにはかなりの労力が必要だ。

グズグズしていると、またローターの音がしてヘリがやってくる。

高吊りされたモッコが地上に下ろされ、スタッフがフックを外すと、ヘリはまた飛び去っていく。それを見送る余裕もなく、次のモッコを解いて荷物を次々と小屋に運び込まねばならない。

「スムーズに荷運びが終わればいいんですが、まだ運び切れていないうちに次のヘリ便が来ると、今度は少し離れた場所にモッコを下ろされてしまうんです。そうなると徐々に小屋から離れた場所に荷物が下ろされるようになるから、あとが大変なんですね」

高妻がいうようなことにならないためにも、とにかく迅速に、手際よくモッコを解いて荷運びを終えねばならない。

御池小屋の玄関ロビーのスペースには、こうして立錐《りっすい》の余地もないほど段ボール箱がどんどん運び込まれ、積み上がっていく。はたから見ると滑稽《こっけい》かもしれないが、荷運びをするスタッフたちにとっては真剣そのもの。二十個のモッコがすべて下ろされるまで気を抜く余裕もない。

その間、女性スタッフたちは荷物を開き、食料や生活用品などをそれぞれの収容場所まで運ぶ。

「最初の荷揚げで重要なものは冷凍食品なんです。事前に小屋の冷凍庫に収まるだけの分量を計算して注文し、それをトラックとヘリで運んでもらうんですが、それでも冷凍庫に入りきらなかったらどうしようと不安になったりしますね」

こうして最初の荷揚げが終了すると、いよいよ営業に向けての仕上げがスタートする。

まず、全館の掃除である。

冬の間、完全に閉め切られていた小屋の中は、空気の対流がほとんどないため、床などに埃《ほこり》が落ちていない。また小屋閉めのときにかなり気を入れて掃除をするため、どこもきれいなままで小屋開けを迎えるから、ほぼ何もしないでオープンに持って行けるというメリットがある。

「しかし各部屋の掃除は基本的に毎日、行います。それが山小屋の業務の通常モードだということをスタッフたちにわかってもらうためなんです」

不馴れな若いスタッフは、ひと部屋の掃除に三十分かかったりする。が、何度もくり返していくうちに無駄なことをしなくなり、効率がよくなってゆくという。

まずは自分たちスタッフが心地よく寝られて、毎日、三食をちゃんと食べられるようにすることが肝心だと髙妻はいう。

毎食みんなで料理をし、食材を切ったり、盛りつけをしたりして、宿泊客に提供するメニューを自分たちで食べては勉強をする。

「いつもスタッフが食事をとる厨房のテーブルではなく、食堂の客席のテーブルについて食べるんです。自分たちがいいなと思うことを、サービスというかたちで提供できれば素晴らしい。つまり、まずはお客様の気持ちになってみるということが重要なんです」

宿泊客に出す食事のメニューはだいたい例年、同じものと決まっている。が、少しずつ変えていくこともあるそうだ。

「この食材は保存はあまり利かないけど見栄えがいいなとか、その逆もあったりします。お客様がいちばん残されるものはやめたり、これは脂汚れが酷《ひど》くて洗うのがたいへんだとか、いろんな理由でメニューが変わることはありますね」

リピーターの多い白根御池小屋。登山客に朝夕と出される食事の内容のすべてには、それぞれの重要な理由がある。六月のうちに出す食事の材料は、すべて五月半ばまでには注文を終えている。荷揚げ品の中でも、やはり食材はいちばん消費されるものだから、それが尽きないようにひんぱんに注文をくり返すことになる。

こうしていろいろな苦労の末、山小屋が宿泊の受け入れを万全にととのえた頃、最初の登山客が山小屋の前で重たいザックを下ろす。

南アルプス林道が閉鎖されている六月の中旬頃は、北沢《きたざわ》峠から歩いてくる登山者がまれに立ち寄る。あるいは草すべりのシカ柵を設置する業者や、環境省の調査の担当者など。決して多くはない。

ところが開山祭のある六月下旬になると、突然、六十名もの宿泊客が押し寄せる。白根御池小屋にとって、いきなりのピークである。

「こんにちは！　おつかれさまでした！」

エプロン姿にバンダナを頭に巻いた新人スタッフたちが頭を下げ、彼らを迎え入れる。その若者たちの表情の中には、最初の苦難を乗り越えて、いよいよこれからすべてがスタートするという期待と不安が入り交じっている。

3

白根御池小屋の一日は、その日、最初の宿泊客が到着し、小屋の前にザックを下ろしたときから始まる。

そして翌朝、最後の宿泊客が小屋を出て行き、掃除が終わり、次の宿泊客を迎える準備がととのうと、スタッフたちの仕事は終了となる。

ホテルでいえば、チェックインからチェックアウトの時間帯までが、ひと区切りなのだ。

早い客は午前中から小屋にやってくる。若いスタッフが受付をし、部屋に案内する。午後になってどんどん宿泊客が到着し始めると、彼らも忙しくなってくる。部屋割りはすでに決まっていることが多いので、順番に案内していく。

同時に他のスタッフはその日の食事の算段をしなければならない。

難しいのは食事の人数分だと高妻潤一郎はいう。

「たとえば百二十名のお客様がお泊まりになるだろうと予測して、そのうち八十名が団体、四十名が個人の方だと仮に設定します。その日が土曜日だったりすると、多めに見ておいて、だいたい百四十名ぶんぐらいは作っておきます。ところが当日の天気や翌日の天気予報によって、到着されるお客様の人数が変わっていくんです」

そうした変動は午後になると始まるという。

おかずは仕込みが大変だし、炊飯にも時間がかかる。パッと出したり引っ込めたりできるものではない。

お米は午前中のうちに、十五分ぐらいかけてとぐ。それをザルにあけ、水切りを最低でも二十分、できれば一時間ぐらいやるという。炊飯の前になれば二十分ほど水に浸《ひた》して、炊飯器のスイッチを入れる。お米とぎから炊飯が終わるまで、トータルで二時間かかるそうだ。だから、いざ、ご飯が足りずにまた炊くとなると、さらに二時間かかってしまう。だからといって多めに炊くと、今度は余ってしまう。

ガスの圧力式炊飯器を使うのは山小屋が高所にあるからだ。四升炊きで六十人ぶん、これに二升炊きと一升炊きも組み合わせて人数分を炊きあげる。朝食なら、ひとりあたり〇・五合、夕食はもう少し多めに考えて、その日の量を決める。

街のレストランなどと違って、料理が余ったからといって廃棄することはできない。だから、スタッフのまかないに回すことになるそうだ。スタッフらがまだ馴れていない頃ならば、「残ったものは、みんなの食事になるからいいよ」と、高妻は優しく笑っていう。ところがいつまで経っても食事が余るようでは困るから、そうならないように努力をしてもらうことになる。

午後の時間が進行するにつれ、宿泊客が次々に到着して受付をし、あらかじめ出しておいた百二十という数字に近づいていく。

「八十名がチェックインされて確定し、未着のお客様が四十名ということになりますが、当然、予約なしのお客様もいらっしゃるため、あと十名ぶんぐらいは必要かもしれないと予測するんです。その十食を作るか作らないかという読みが必要となってきます」

時間が経過していき、宿泊客の到着が次々と続き、百二十と仮決めした数字がしだいに近似値になっていく。もちろん変動の大小はあるし、大きく予想を外してしまうこともある。

しかも平日と土日では、まるで状況が違う。その違いというか、駆け引きを理屈でなく体で覚え込まなくてはならない。

「どこか株の操作に似ていると思うんですよ」

そういって髙妻は笑う。が、現場では笑顔もなく、冗談も出てこないほど切羽詰《せっぱ》まっている。

長年、山小屋をやってきても、そうした読みはなかなかできないと彼はいう。むろん髙妻がすべてを仕切ればミスは少なくなるが、できればスタッフたちにこうした重要な任務も担当させたいと彼は思う。だから、仕事に馴れてきたスタッフを選んで、その役に充《あ》てる。

とくに炊飯の担当は重要な役割なので、多くて三名ほどのスタッフを選ぶ。重たい食材の持ち運びがあるので、ほぼ男子スタッフだという。髙妻自身の目で見て、「この人なら大丈夫」と判断して選定する。

それでもやっぱりミスは生じる。

「最初の頃は基本を守るし、行動も慎重なので、あまり失敗はないんです。それがだんだんと馴れてきた頃にミスが目立つようになります。三升のお米に四升ぶんの水を入れたり、蓋《ふた》をちゃんと閉めずに炊飯したりということがありましたね」

とはいっても、ミスや落ち度はスタッフばかりにあるのではない。

予約をしているのに来ない客がいる。とりわけ個人の登山者に多いという。団体客の多くは旅行社を通じているからキャンセルが少ないそうだ。

「予約日が悪天なので、麓の広河原山荘で一泊してから登ってくる人がいましたね。予定よりも早く着いたからと、御池小屋を通り越して肩《かた》の小屋まで行ってしまう方もいらっしゃいました。宿泊をやめると申告すればキャンセル料が生じると勝手に思って、黙ってそのまま行ってしまうんです」

半年以上前に予約してきた客が日にちを間違えてくることもあれば、若いスタッフの受付ミスもたまにある。

午後五時と決まっている夕食のスタート時間に遅れて到着する客もいるから困ることになる。そんな遅刻の客が多ければ、受付にスタッフを回さなければならず、また、受付のスタッフも即座に厨房に食事の追加数を伝えることが難しくなる。

「生ビール売り場を受付スペースではなく外売店に変更したのは、フロントのスタッフの負担を少しでもやわらげようという意味があったんです」

そうしてその日、最後の宿泊客のチェックインがあって、食事の数の最終的な答えが出る。

「予定していた食事の数がお客様の人数とピッタリ合ったときは、思わずガッツポーズです！」

そんな話をする高妻は本当に嬉しそうな顔だ。

まさしく仕事にやりがいを感じる瞬間なのだろう。


宿泊客たちの食事がすべて終わって、ようやくスタッフたちの夕食タイムとなる。

彼らが自分たちの食事にありつけるのは、だいたい午後七時ぐらい。客が多いときでも七時半頃だという。

自分たちの食事を作る担当は輪番制で、管理人である高妻や裕子も、平等にその中に組み込まれている。それぞれが自分の得意な料理を披露し、料理が苦手なスタッフも他のスタッフたちに習いながら覚えてゆく。そして厨房の大きなテーブルに全員で集まって食べる。

ハードワークをこなして、ようやくホッとできるひととき。緊張感に充《み》ちていた厨房の空気がなごんで、高妻や裕子、若いスタッフたちの間に笑顔が戻ってくる。

そんな憩いの場もあっという間に終わる。

たまにはお酒が出ることもあるが、食事が済めばすみやかに後片付けをする。明日の朝食の用意のため、それぞれの担当を決めてから解散。なるべく八時頃には厨房の明かりが消せるようにする。

一日の最後の仕事として、受付のレジ閉めを高妻たちがやる。

若いスタッフたちが寝るのは、二段ベッドが置かれた狭い部屋だ。もちろん男女別に分けられている。

「みんなには、八時半には布団に入りなさいっていうんです。でも、彼らの部屋からはいつまでも話し声が聞こえるんですね。男子たちは黙ってスマホなんかでゲームをやってるようです。女子たちは笑い声がしたり、いつまでもしゃべり合ってます。修学旅行の学生みたいな気分でいるんでしょうけど。九時を過ぎても明かりが点いているのが見えたら、さすがに叱りにいきます」

それでなくてもハードな職務の日々であるから、体力の温存は重要。むやみに夜更かしをすると体調を崩し、風邪を引いたりする。ひとりでもスタッフが抜ければ、山小屋にとっては戦力の損失となる。

「休憩とか就寝といった体調管理も、自分たちの仕事のひとつだとわかってくれるといいんですけどねえ」

高妻のそうした心配も、最初の頃はなかなか若者たちに理解されない。

だから、寝不足のせいで些細なミスをしたり、体調を崩し、熱を出してしまい、寝込んで起きられなくなるスタッフも出てくるという。昔は少しの風邪ぐらいなら起き出し、がんばったりしたものだが、最近の若者は少し調子が悪いだけで消耗してベッドから起きられなくなる。高妻もむりはいえないから寝かせておくしかない。

ところが何日経っても熱が引かないからと、ずっとベッドに横になっている者がいる。

「日頃の不摂生がそんな結果につながったことを、なかなか理解してくれないんです。ふだん、親にいわれたりもしないことを私がいうからショックを受けたりするんでしょうけど。だけど、あなたの周りの社会は、そんなあなたを評価しながら見ているんだよっていいたいんです」

夜明け前――というか、まだ真夜中の午前三時半。

まず朝食の炊飯を担当するスタッフ一名が、いのいちばんに起床する。それから一般のスタッフたちが起き出してくる。手早く洗面、トイレなどを済ませる。女子スタッフは化粧などの時間が必要だが、それでも男子たちとは十五分ぐらいの違いで、遅れることはないという。たとえば、午前三時四十五分に厨房集合と前夜に高妻が告げていたら、その時間に全員がきちんと集まる。

お茶やコーヒーなどを飲み、水分補給をしながら体を温め、仕事開始となる。

朝食組のスタッフたち、それ以外のスタッフたちも、それぞれ起床と仕事開始の時間がきっちり決められている。いくら余裕があっても、決まった時間以前に起き出して仕事を開始しないことが、この山小屋のルールなのだと髙妻はいう。

「いったんこれを許すと、各人が勝手に始めてしまうからです。誰々が早起きして仕事をしているから私も——というふうに決まりがどんどん狂っていく。その小さな狂いが、気がつけば仕事全体に及んでしまう。だから、彼らには仕事開始の時間厳守というルールを徹底させています」

夜の間は非常灯などのために小さな発電機を回している。

それを起床とともに、メインの発電機に切り替える。

五分間の暖気。発電開始。

地下のプロパンを開け、炊飯器のスイッチを入れる。

そうして朝食の準備が始まると、スタッフたちは笑顔の余裕もなく、黙々と働く。

狭い厨房をあわただしく行き交い、てきぱきと調理をする。炊飯以外でもっとも調理に時間がかかるのは焼き魚だという。気がせいて生焼けにしたり、逆に焦《こ》がしたりしないよう気をつけながら、一度に何人ぶんもの魚を焼く。それを手早く盛りつけてゆく。

宿泊客には、朝食は午前五時のスタートと告げてある。

しかし、実際は五時前に食堂を開けることが多い。五時という開始時間になってから食堂を開放するのではなく、それよりも少し前から開けると、客たちの心証が違うのだと高妻はいう。

「混雑するときは、四時半から遅くても四時四十分ぐらいには食堂を開けるんです。みなさん、朝食時は混み合うことをわかってらっしゃるので、早めに起床されて外でお待ちなんですね。連休のときなどは食堂の外ばかりか、二階からの階段の途中まで、お客様たちが列を作ってお待ちになっていることがあります」

朝食時は列に並んだ順に六名ずつ、一番テーブルから順番に詰めて座ってもらう。ひとつのテーブルで食事が終わって空いたところからセットをし、また六名ずつ食卓についてもらうようにする。

もっとも多いときで、朝食時のテーブルセットは二回転以上するという。スタッフたちはそのぶん必死に働く。料理の盛りつけ、配膳、食器洗い。食事を済ませた客が食堂を去ると、外で待っている次の客たちにアナウンスをして入ってもらう。

「みなさん、食事が終わってさっさとテーブルを空けてくださるならいいんですが、今日は広河原に下りるだけというお客様は、けっこう食後ものんびりされるんです。だからといって急《せ》かすわけにもいかず、こちらとしてはやきもきしながら見ているだけです」

とはいうものの早寝早発ちが登山の基本。だから、宿泊客は夜明け前には多くが出発する。

朝食代わりの弁当を予約していた客は、前夜の夕食時、すでに食堂で渡されているから、朝食をとらずに荷造りをして出発する。また、お昼の弁当を予約している客は朝食時にフロントで受け取り、それぞれが次々と発ってゆく。

小屋がスムーズに稼動している場合、髙妻や裕子はできるだけフロント付近での業務をこなしている。山小屋の管理人夫妻として、宿泊していただいた客を最後に見送るのが自分たちの役目だというこだわりがあるからである。

「早いときには五時半ぐらいにお客様すべてが出発を終えて、掃除が始まります」

客室が並ぶ二階の部屋から清掃を開始する。

布団を上げ、たたみ直し、天気がよければ外に持ち出して干す。床や通路に掃除機をかけたり、雑巾がけできれいにする。

小屋の掃除が終わると、午前七時。ようやくスタッフたちの朝食の時間となる。みんなでホッとできる時間がふたたびやってくる。

朝食後は必ずミーティング。

本日の宿泊の予定数は何名だが、食事は何名分を作るかなどという検討にもとづいて、その日の計画を立案する。ミーティングの司会は当初は高妻が担当するが、馴れてくる頃にはスタッフが輪番制で司会進行をつとめていく。

「仕事をやらされるんじゃなく、自発的にやるのが大事だということをわかってもらいたいんです」

最初のうちはしどろもどろ、たどたどしい進行をするスタッフも、日々これを重ねるごとにだんだんと馴れていくという。それはスタッフたちの練度の向上につながり、そのまま客対応にも生かされるのである。

ミーティングが終了して、ようやくスタッフたちの朝の休憩時間がやってくる。

ほぼ全員が早起きだし、睡眠不足なので、短い時間でも仮眠を取る者が多い。若いから多少の無理は利くかもしれないが、やはり少しでも眠って体力を温存しなければならない。

「ふだんなら十時頃まではのんびりとできます。お茶を飲んだり、食堂のテーブルで歓談したり、もちろん部屋に戻って眠るスタッフもいます」

ところが高妻と裕子のシフトは、若いスタッフたちとはまったく別なのだそうだ。彼らが眠っている間もふたりはあれこれと働くことが多く、少しでも時間が取れると、「一時間だけ眠らせてね」などといって仮眠を取る。

「――ところが、そういうときにかぎって、なぜか決まって遭難の報告が無線で入るんです」

高妻にとってそれは容赦のない任務である。山小屋の管理人には、事故があれば救助に向かう義務がある。緊急電が入れば、どんなに眠くても疲れていても、救助用具をザックに詰め込んで小屋を飛び出さねばならない。

管理人である彼がいない間は裕子が小屋を仕切り、スタッフたちもできるかぎりフォローに回る。

また、要救助者の搬送の場合、体力のあるスタッフたちが高妻の助手につくこともあるため、本来の小屋の仕事にそれだけ穴があいてしまうことになる。

「とにかくこの仕事をやってると、一日が凄く短く感じられるんですね。朝だったはずなのに、もう夜になってるっていう感じ。それが毎日くり返されて、六月、七月が過ぎ、あっという間に八月の繁忙期がやってきます」

〈山の日〉が制定された八月――宿泊者が山小屋の限度を超えるほどになるシーズン。そのときは増援のスタッフも来ることになるが、さぞかし彼らも大変だろうと想像するしかない。

しかしそうした極限状況においてこそ、日頃の努力が実を結ぶのだろう。ひとつひとつの困難を乗り越えていく。そうして若者たちひとりひとりが磨かれてゆく。

小屋開けから間もなくの、まだ仕事馴れしていない頃のスタッフたちは不器用で、どこかぎこちなく、自分から率先して動こうとせずに指示待ちばかり。

みんなで食事をするときも、ただ何もせずに待っているばかりだし、状況を読んで役に立つ行動を取ろうとはしない。椅子を並べたり、食器を運んだり、そんなこともせずに彼ら同士で身を寄せ合ってしゃべっている。髙妻たちにいわれるまで決して行動に移らない。

シャモジの使い方も下手だから、ご飯をこぼす。お玉の持ち方がぎこちないから、味噌汁が床やテーブルにしたたってしまう。茶碗や皿がカツカツと音を立ててしまう。

そんなふうに仕事の中で経験を重ね、失敗をし、恥をかいたりしていくうちに、だんだんと無駄がなくなり、動きが締まってくる。途惑いがなくなって、自信を持って行動をとるようになる。てきぱきと受け答えをし、わからなければすぐに質問を投げてくる。

「そうした自分たちのルール作りみたいなものが、いきおいお客様への対応にもつながるんです。それだけじゃなく、自分自身にもそれがフィードバックみたいになって返ってくるんですね」

「こんなに必死に衣食住をやったのは、生まれて初めてです！」

あるスタッフはそういったという。

ご飯を食べることも仕事だと高妻はいう。好き嫌いなんていってられない。ご飯を残せば生ゴミになるので、とにかくぜんぶ食べなければならない。眠ることも仕事。睡眠不足は自分にとって不利になるばかりだと、いやでも学ぶ。

お風呂はきっかり三十分と決められている。洗濯も仕事の合間を見てしなければならない。

そんな厳格なルールが、最初の頃、若者たちにはショックなのだろう。

しかし人間は生きていくかぎり、衣食住という義務から逃れることはできない。それが今の若い世代では親がすべてをやったり、親も教えてくれず、便利な世の中に甘えてばかりで何も知らなかったりする。そんな若者たちが、山小屋という職場で、いろいろな〝常識〟を叩き込まれる。否応なしに覚えてゆかねばならない。

おそらく自分たちの人生観が百八十度、変わってくるはずだ。

彼らの顔つきが、いつの間にか変わってくるという。

それが、この白根御池小屋という職場なのだと、高妻は思っている。

その日も、午後になると、宿泊する登山客たちが次々とチェックインをする。

また、彼らの新たな〝一日〟の始まりである。

若いスタッフたちは元気よく声をかけ、受付をこなし、客を部屋へ案内する。

白根御池小屋は、こうして今日もあわただしい時間を迎える。

4

山岳遭難事故が発生したとき、その最前線に立つのは山小屋の管理人やスタッフたちだ。

救助要請を受けて警察が動き、ときには地元の遭難対策協議会（遭対協）や山岳会などの有志メンバーが加わるが、やはり現場にもっとも近いのは山小屋である。だから、遭難の報《しら》せが飛び込むや、彼らは小屋の通常業務から外れ、救助や捜索に向かうことになる。

「救助のスタートでは、まずはできるだけ早く現場に着き、状況を把握することが大事なんです。だから、そのときに考えられる最低限の荷物を背負って現場にダッシュします」

髙妻潤一郎はそういう。

彼も遭対協のメンバーであり、指導員という立場だが、やはり山小屋の管理人であるという点において、誰よりも早く救助に行けるというメリットがある。

現場に到着すると、要救助者の〝人着（人相着衣）〟を確認、状況を把握し、医療器具や搬送に使う道具など、さらに必要なものがあれば、すみやかに小屋に指示を送って現場まで運ばせる。

「昔、〈サンダーバード〉っていう特撮番組がありましたね。あれは救助という状況において、とても理にかなっていたと思うんです。まず1号機が飛び立って現場の状況を把握し、本部に詳細な情報を伝え、次に2号機が必要なコンテナを選んで機体に積み込み、救助に向かう。子供の頃に観ていたのを思い出して、今さらながら、なるほどなと思いました」

もちろん天候さえ良ければ、できるだけ早くヘリコプターで搬送することが望ましく、早い段階での医療機関での治療が可能となる。しかし悪天候だったり夜中だったりすると、ヘリは飛べない。足を使っての現場到着と救助活動が強いられる。どんな現場であっても、初動に最低二名は必要なのだそうだ。

しかしそれだけではない。

「われわれはあくまでも民間人ですから、地元の警察と連携を取りながら出動の指示をあおぐ必要があります。現場と山小屋、さらに警察。すべての活動が同時進行となります。そのため電話の対応に一名がかかりきりとなるわけです。つまり現場にいる二名にくわえ、さらに一名の連絡係が必要だということです」

その連絡係は高妻の妻、裕子が担当することが多い。

小屋にある衛星電話を使って警察と話しながら、一方で無線で現場と交信する。場合によっては無線機を電話の受話器に密着させ、現場の声をダイレクトに警察に届けるという荒い対応も必要となってくる。

山小屋はまさに現場と警察とを結ぶ重要な中継地として機能する。白根御池小屋は高妻と裕子、そして十名のスタッフで運営されている。多忙であっても容赦なく事故の連絡は飛び込んでくる。事故が発生すると、高妻はスタッフとともに飛び出し、裕子が連絡担当を受け持つ。必然的に小屋の業務は、残ったスタッフたちが担《にな》うことになる。

ある年の八月。

夏の盛りだというのに、やけに冷たい雨の降る一日だった。

その一日が終わろうとしていたとき、白根御池小屋に緊急電が飛び込んできた。八本歯のコルの下、大樺沢沿いの左俣《ひだりまた》コースの途中で遭難があった。

五、六十代の夫婦ふたり連れの登山だった。

広河原から入山。肩の小屋に宿泊した翌日、北岳山頂を経て、間《あい》ノ岳《だけ》まで足を延ばし。折り返して北岳山荘に宿泊する予定だったが、時間が早かったために山荘を素通りし、八本歯のコルから大樺沢経由で下山を試みたそうだ。

ところが、強行軍がたたって足腰にきていたのだろう。夫のほうが転倒して腰を激しく打ち付け、動けなくなった。妻は携帯電話で救助を要請した。シトシトと冷たい雨が降り続く中、怪我をした夫とともに待っているという。

警察から連絡を受け、高妻はスタッフの男性一名とともに小屋を出発した。そのスタッフは北アルプスで小屋番を務めたことがあり、救助活動などの経験豊富なベテランだった。

降雨の中をふたりは急ぎ足で大樺沢に向かった。二俣《ふたまた》を過ぎた辺りから、高妻がレスキューホイッスルを吹きながら登っていると、その音を聞きつけて妻が遠くで声をあげた。雨に煙る岩場の彼方に、ふたりの姿が小さく見えていた。

「要救助者へのアプローチには細心の注意が必要です。相手を発見しても、われわれはすぐには声をかけません。ゆっくりと回り込むように慎重に接近し、相手と目が合ったときに初めて声をかけます。これは脊椎《せきつい》損傷の疑いがあることを考えての行動なんです」

現場に到着すると、要救助者は、雨の中でぐったりと横たわり、弱り切っていたが、その体はツェルトで覆われていた。緊急時に備えて、要救助者本人がそれを携行していたのは幸運だったといえる。山に馴れた登山者だったらしい。

高妻はさらにその上から二重にツェルトをかけて、冷え切っていた体の保温を試みた。

本人には意識があって、しゃべることもできた。一見して臀部《でんぶ》が腫《は》れているのがわかったので、まずは骨折を疑う。

傍らにつきっきりだった妻は、夫は頭を打っていないはずだというが、高妻たちが到着したのちに嘔吐《おうと》もしたため、やはり頭部を打撲《だぼく》している可能性があった。

ふたりから詳しく状況を聞きながら、高妻は男性の手や肩などに直接触れるようにする。末端の体温をチェックするという意味もあるが、ショック症状を起こしていないかどうかを知るためだ。

「両手の麻痺《まひ》をチェックすることで、脊椎損傷の有無を判定する助けになります。その際、触診を終えた手をさりげなく要救助者の胸にあてがうと、呼吸状態の把握ができます。あくまでもさりげなくしないと、本人が意識的に呼吸をコントロールしてしまうのです」

手首に触れるときは脈を取る。これによって要救助者のバイタルが把握できるからだ。パルスオキシメーター（血中酸素濃度計）も常備しているため、必要があれば体温とともにそれを測る。

さらに足を触られている感触がわかりますかなどと訊いて、下肢麻痺のチェックも行う。

こうした行為を二次評価と高妻は呼ぶ。

山岳遭難での救助活動は〈オーバートリアージ〉といって、緊急度の過大評価を行うという。つまり、最初の段階で軽症のように見えても、あえて重症であるという扱いをし、一次評価、二次評価というふうに徐々に切り替えてゆく。

これは決して病名を特定するための評価ではなく、あくまでも最悪を想定して開始した一次評価の段階から、少しずつ怪我や病気といった要因を除外していくためのものだ。これを最終的に医療関係者に引き継ぐことが重要である。


雨は容赦なく降り続いていた。

そんな悪天候ゆえに、もちろんヘリは飛べない。

高妻は怪我人を搬送できるレスキューザックを持参していたが、大腿骨も折れている可能性があるため、背負っての搬送は患部を圧迫するためむりだと判断。小屋に連絡をして、担架《たんか》とともに、保温ボトルに白湯《さゆ》を入れたものを別のスタッフに持ってきてもらうことにした。

「大切なのは水分補給の状況なんです」と、高妻はいう。

「水分摂取が不足して脱水症になる登山者はけっこういます。汗をそれほどかかない涼しい時期でも、体重一キロにつき一時間に五ミリリットルの水分が必要です。たとえば体重六十キロの男性ったら同じ時間で三百ミリリットルの水分を補給しなければいけません。ところが、登山中にそれを実行している人は少ないんですね」

ちょうどその日、北岳山荘の診療所に向かう途中の昭和大学北岳診療部の医師と学生たちが、宿泊のために御池小屋に来ていた。というのも、白根御池小屋の周辺で事故が多発することから、診療所に向かうときには必ず御池小屋に一泊してもらうことにしているからだ。そこで、髙妻はすぐに現場に駆けつけてくれるよう要請した。

さらに御池小屋までの怪我人の搬送には人手が必要ということもあり、広河原に待機している警察官にも応援に来てもらうことにした。

彼らが現場に到着すると、さっそく医師による診断が始まった。

その頃になると、要救助者の意識はかなり朦朧《もうろう》となっていたが、男性は湯気を立てるお湯を見ると、口を寄せ、むさぼるように飲んだという。

「内臓の損傷も考えられるので、通常の救助では医療機関に引き継ぐまで水分等は取らせないのがセオリーなんです。しかし、今回は冷たい雨にずっと降られていて低体温症から来るショック状態のリスクが大きいと判断し、お湯を飲ませました。体の震えが止まったものの意識が少し朦朧としていたので、できるだけ声をかけながら意思疎通を試みました」

医師の判断により、担架での搬送が可能ということになった。

過去に大腿骨骨折の要救助者を二俣付近で救助したとき、当時はまだ小屋に担架がなく、応急的にベニヤ板に要救助者を乗せて、苦労しながら運んだ経験から、今の御池小屋には数種類の担架が常備されている。

最も多用されるのはスクープストレッチャーと呼ばれ、救急車にも設置されている担架だ。縦半分に分解ができ、要救助者を抱え上げずに、下から挟み込むようにして体を横たえ、搬送することができるという優れものだ。

が、今回、使用したのはアメリカCMCレスキュー社のスケッドストレッチャーだった。

平時は寝袋のように丸く収納し、現場で広げると担架になる。また滑りやすい雪面では引きずって下ろすことができる。この担架も、過去にあったバットレスでの事故の際、大腿骨骨折の要救助者を動かすことができず、苦労をした経験から購入したものだ。

男性を担架に乗せ、搬送が始まった。

高妻がトップに立ち、ロープを使った。残りのメンバーが担架の周囲で補助をする。

男の妻が心配そうに夫を見ながら、彼らについて歩く。

すでにとっぷりと日も暮れて、全員がヘッドランプを装着しての搬送である。白根御池小屋まで運びさえすればひと安心だ。朝まで安静にしてもらえばいい。翌日は晴れの予報だし、ヘリも飛べるはずだ。

心配なのは怪我よりも低体温症のほうで、このまま雨に打たれていると悪化の畏《おそ》れがある。そのため、ポリエチレン製の水筒〝プラティパス〟に湯を入れ、それを要救助者の男性の脇の下に挟んだり、鼠径《そけい》部、胸の真ん中に入れた。

〝プラティパス〟は意外に保温力がある。それを知っているため、高妻はこういうケースには必ず持っていくという。

そのうちに男性が「熱い」と言葉を発し、しだいに意識もはっきりしてきた。

これで大丈夫だろう。あとは一刻も早く小屋まで運ぶのみだ。

そう思って高妻は、男性の妻に「旦那さんはきっと元気になりますから」と告げる。彼女の顔にもようやく安堵の表情が浮かぶ。

それから全員で声をかけ合いながら、男性を乗せた担架を搬送し続けた。

白根御池小屋に戻ったのは、午後八時を回った頃だった。

小屋に運び込まれた男性とその妻は、一階の大部屋を閉め切って、そこに寝かせることになった。

折しも宿泊客同士の喧嘩《けんか》騒ぎがあったという報告。冷たい雨の中の救助と搬送でさすがに疲れ切っていたが、そんなことはおかまいなしにトラブルは発生する。高妻は何とかそれをおさめてから、心配そうな顔を並べるスタッフたち、裕子に、明日に備えての就寝をすすめた。

搬送中にずっと付き添ってくれた診療部の学生たちには、男性と同じ部屋で眠ってもらう。万が一、夜中に容態が急変したとき、素早く処置ができるようにという配慮である。

また体を動かせない男性のために、小屋に用意してあった尿瓶を大部屋に運んでおいていたが、さいわいその夜は使用することもなく、本人は朝までぐっすりと眠ることができたようだ。

翌日は予報どおりに雨がすっかりやんだ。

朝のうちに消防防災ヘリ〈あかふじ〉が飛来、昨夜の要救助者の男性をピックアップし、県立中央病院に向かって飛び去っていった。

それを見送る高妻たちはホッとする。

怪我をした男性の妻はひとりで下山し、その後すぐに夫と病院で再会した。

診察の結果、さいわい骨折はなかった。ただ、内出血による患部の腫れがひどかったそうだ。事故を扱った地元警察では軽症と記録されたが、本人にとってはかなり重《じゅう》篤《とく》な怪我で、腫れと痛みがあとあとまで残り、内出血の痕《あと》がなかなか引かなかったという。けっきょく、その年の暮れになってから、ふたたび医療機関で検査してもらうと靭帯《じんたい》損傷が見つかったというから、やはりかなりのダメージだったようだ。


登山シーズン中、いちばん混み合う夏山の営業は大変だ。

登山者が多ければ、それだけ山岳事故も多くなる。当然、髙妻やスタッフたちは救助のために現場にかりだされ、その間の山小屋は働き手が不足したまま営業することになる。

忙しいからといって救助を断るわけにはいかないのだ。

「私も含めて山小屋のスタッフは、精神的にも肉体的にも疲弊します。けれどもそういうときにかぎって、不思議にいいことが舞い込んでくるんです」

あるとき、髙妻が所用で麓に下りることになり、御池小屋を出発し、広河原への直登コースを急ぎ足で下っていた。ちょうど第二ベンチのある辺りで、大きな荷物を背負った登山者とすれ違った。

どこかで見た覚えのある男性だった。

他の小屋のボッカ（歩荷）だな。高妻はそう思ったという。

多くの山小屋はヘリによる荷揚げのみならず、食料や物資をスタッフが背負って登るボッカが必要不可欠である。そうしたボッカのスタッフを見かけると、高妻は内心でご苦労様といいつつ、あまり声をかけないようにしているのだそうだ。

それは高妻自身がさんざんボッカを経験しているからわかるのだが、何しろ重たい荷物を担ぎ上げるだけでたいへんなため、返事をする余裕なんてない。そんなところに無用な挨拶をすれば、当人の歩きのリズムを崩したり、受け答えのために無駄なエネルギーを使わせてしまうことになる。

荷物を背負って樹林帯を登っていくその人の後ろ姿を高妻は黙って見送ると、広河原へと下りていった。

実はその登山者の目的地は、まさに白根御池小屋だったのである。

男性は前年、北岳で遭難し、救助された登山者だった。

御池小屋からおよそ一時間ほど登った草すべりの上部付近で、浮き石に足をとられて転倒、足首を骨折した。

報せを受けた高妻はすぐにヘリの出動要請をし、現場に向かった。男性の折れた足首をシーネというシート状のギプスで固定し、処置をし終えると間もなくヘリが飛んできた。男性は機内に収容され、すぐに病院に搬送された。

事故に遭って、たったの一時間でスムーズに救助されたため、怪我をした本人は驚き、感動したという。

だから足首の骨折が治癒した翌年になって、お礼のために缶ビールを三箱担ぎ、白根御池小屋に向かったのだった。さすがに荷物が重かったのだろう、途中で出会ったのが高妻本人だと気づかず、高妻もまた自分が救助した男性の顔に「見覚えがある」という意識しかなく、お互いにすれ違っていたのだった。

連絡を受けた高妻が急いで小屋に戻ったとき、すでに当人は出発していたあとだった。

缶ビールが三箱、事務所に置いてあった。

後日、高妻は電話で連絡をとった。

当人がいうには、とにかく何かのかたちで救助してもらったお礼をしたかったそうだ。お金を持っていくわけにもいかないし、だったら何か現物をと思案しているうちに、缶ビールを担ぎ上げることを思いついたのだった。

「電話の向こうで、本当に嬉しそうでしたね。きっと重たいビールを三箱も担ぎ上げることができたため、達成感を得られたんでしょう。それはご自分の足の復活のしるしでもあるわけですし、これから先、前向きに登山を続けられるだろうなと思いました」

登山に事故はつきものだ。

人が山に登るかぎり、不運な出来事にしばしば遭遇することがある。安心安全が当たり前な日常の生活を離れ、わざわざ危険な高山に登るのは、あえて死に近づく行為だといってもいいだろう。山はたしかに美しく魅力的だが、一方で容赦のない過酷な運命を登山者に強いることがある。

自己責任といいすてる人も中にはいるが、それでも捜索や救助をしないわけにはいかない。

山小屋の管理人、スタッフたちは、こうして山岳遭難救助の最前線にいる。

多忙な仕事の最中にあっても、いったん事故が発生すればスタッフたちに職場を任せて、白根御池小屋の髙妻は現場に走る。生還する人もいれば、運悪く冷たくなった姿で家族の元に帰る人もいる。そんな現場を目の当たりにするたび、髙妻たちの心は喜びや悲しみの感情に翻弄《ほんろう》される。

「事故に関しては、同じことはひとつとしてないんです。いつも違ったケースが発生します。だから毎回、勉強になります。そしてそのたびに自分の力のなさを感じます」

高妻のそんな言葉を受けるように、裕子がこういった。

「アルバイトの子たちまで救助にかりだされるから、帰ってくるまで心が安まらないんです。だけど潤さんがいるから、きっと大丈夫だって、いつも自分にいいきかせてます」

そうしたアクシデントはまた、人間を磨くこともある。

男子スタッフのほとんどが救助に出てしまうと、あとの仕事は残された女子スタッフだけで担うことになる。それまで彼女たちが手をつけなかった力仕事や汚れ仕事などを、自分たちで必死になってカバーする。そうして知らず知らずのうちに鍛えられる。

男子任せでいいと思っていたことが、そうじゃないといやでもわかってくる。

自分の役回りが自然と理解できるのである。

そんなところに、高妻と男子スタッフたちが汗だくで要救助者を背負って小屋に戻ってくる。その姿を見て、あらためて凄いことだなと思う。

山の仕事は人を鍛える。

心も、体も。

だからスタッフたちはここの仕事に生き甲斐を感じ、高妻と裕子は毎年、みんなとともにこの山小屋にいるのだろう。

北岳は、そんな彼らを今日も黙って見下ろしている。

5

白根御池小屋前にあるいくつかのベンチに大勢の登山者たちが座り、疲れた躰を休めたり、お茶を飲んだりしていた。小屋の宿泊者やテント泊の人たちの中には、販売されている生ビールや持参の酒を飲み始める人もいる。そろそろ夕方になろうとしていた。

「たしか三名のパーティでした」

管理人の高妻潤一郎が記憶しているのは、いずれも六十代ぐらいの男性だったそうだ。たまたまいっしょになった他のパーティの登山者たちと盛り上がっていた。そのうち、ひとりが傍らのザックからカメラを取り出した。みんなの写真を撮ろうということになった。サンダル履きで立ち上がった男性が、全員を液晶画面の枠内に入れようと後退《あとずさ》っているうちに事故は起こった。

当時はまだ小屋前のテラスが今ほど大きくなく、一部が狭くなってその左右に空間ができていた。それに気づかずに後退ったため、だしぬけに転落した。

とっさに手をつけば良かったのだろうが、大事なカメラを放り出したくなかったらしい。

高低差はさほどなかったが、仰向けになって落ちたため、地面に後頭部を強く打ち付けた。

あわてて駆け寄り、開いた傷口から大量に流れた血を見た仲間たちが蒼然となる。

折しも小屋は夕食の時間で、宿泊客たちが食堂で食事をしていた。

スタッフたちが一回戦と呼ぶ最初に食堂を満席にした人たちが食事を終え、続いて待機していた客たちが食堂に入り、これから二回戦が始まろうというときだった。外の騒ぎに気づいて髙妻が飛び出すと、男性は頭部からのおびただしい流血で凄惨《せいさん》な姿になっていた。毛細血管が集まっている頭部の裂傷は驚くほど血が出る上、飲酒で血行が良くなっていたのだろう。

高妻は横たわった本人の前に膝をつき、その場で圧迫止血を試みた。

「小屋の管理人になってまだ間もない頃だったため、こうした事故への対応に馴れていなかったんです。たまたま看護師だという女性のお客様がいらしていて、ゴツゴツしていて斜めになったところよりも平らな場所に移動させるほうがいいとアドバイスされました。当時はまだ小屋に担架もなくて、何人かで抱えて玄関前まで運びました」

やがて止血が成功して頭に包帯を巻き付ける。頭部の打撲なので医療機関で検査をしてもらったほうがいいと高妻は判断し、警察に通報、県警ヘリが出動することになった。

ヘリコプターが降下する御池の周辺には、色とりどりのテントが村を作っている。高妻はそこへ駆けつけると、救助のヘリが飛来するので、いったんテントをつぶすか、撤収してくださいと頼む。テント泊の登山者たちは、コッヘルや鍋などをストーブに載せて調理をしたり、食事中という最悪のタイミングだった。

不平をいいつつ、テントのポールを抜いてつぶす人。食器類を手早く片付けて、待避の準備にかかる人。

やがてヘリの爆音が近づいてきた。

市川三郷町のヘリポートから白根御池小屋までは最短十五分程度で飛んでこられる。県警ヘリ〈はやて〉が降下してくると、ダウンウォッシュと呼ばれるローターから吹き下ろすすさまじい風が地面を叩く。急いで避難し、あるいは必死にテントを押さえている人もいる。中にはあっけにとられた表情で大きな鍋を両手に抱えたまま、ただ右往左往しているだけの人もいて、髙妻は大声で避難を呼びかけた。

「今にして思えば滑稽な光景なんですが、そのときはやっぱり焦っていましたね」

要救助者の男性はヘリのキャビンに収容されると、搬送されていった。

のちに聞いた話だと、検査の結果、脳へのダメージはなかったものの、七針も縫う大きな外傷だったようだ。

ふだんから飲兵衛《のんべえ》の人間は、当然のように山でも酒を飲む。

山歩きや登頂よりも、とにかく山で飲むという目的で登ってくる人もいる。筆者もあまり他人のことはいえないのだが、そんな人はザックに酒類をたくさん入れて担ぎ上げてくる。そして目的地に到着するや飲み始める。

「私、ついつい飲み過ぎちゃうんですすよ。もし羽目を外すようでしたら、遠慮なく叱ってください」

小屋に着くなり、そういってきた男性がいた。

さっそく外売店で日本酒のカップを購入し、ベンチで飲み始めた。気さくで愉快な人物だったので、周囲のベンチにいた他の人たちを巻き込んで、いつしかやんやの宴会モードとなる。カップ酒を飲み干すと、また売店で購入のくり返しだったという。

やがて夕食の時間になり、小屋に入ったはいいが、そこでも自販機でカップ酒を買っては飲み続けている。外は気温が低く、血管が細くなって酔いが回りにくかったのだろうが、小屋の中でストーブの暖気に触れるとたちまち酩酊《めいてい》してしまった。すっかり出来上がって、へべれけになっていた。

ちょうど高妻は所用で小屋を離れていたが、その間、妻の裕子やスタッフたちがいくらいっても、男性は飲酒をやめようとしなかった。

「戻ってくるなり、あきれ果てましたね。これではいくら前もって叱ってくださいといわれても意味がありません。お酒はもう売り切れですといっても自販機に向かわれるものだから、しまいにとうとう電源を切ったんです。しかもそんな前後不覚の状態で相部屋で寝かせると、他のお客様にどんな迷惑をかけるかわかりません。仕方なく個室に入ってもらいました」

翌朝、まったく記憶がないのに〝個室対応〟になっているのに気づいて、本人はひどく驚いていたそうだ。

六十代と七十代の男性二名が御池の畔でテントを張っていた。

ふたりしてバットレスを見上げながら、とても楽しそうに酒を酌み交わしているため、高妻が声をかけると、ふたりにとって北岳は想い出の山なのだという。ともに若い頃はロッククライミングに燃えていた。バットレス登攀《とうはん》にも何度か挑んだこともあるそうだ。

さすがに年齢を重ねてハードな岩登りからは遠ざかったが、そんな北岳を久しぶりにふたりで歩いてみようということで御池小屋までやってきたのだった。

話題は尽きることなく、酒も進んでいったようだ。

翌朝、十時を回った頃だった。高妻がテント場に足を運ぶと、ふたりのテントがそこにあった。てっきりデポ（残置）して頂上に向かったのだろうと思ったが、どうもテントの中でもぞもぞと動く気配がある。中にいるらしい。

「もう山を回ってきたのかと、最初は思ったんです。いくら何でも早すぎますよね」

やがて出入口のジッパーを開いて出てきたふたりは憔悴しきっていた。青ざめて冴えない表情だ。

「どうしました、大丈夫ですか？」

思わず近づいて声をかけたとたん、ふたりはそろって顔をしかめた。

「頭に響きますから、そんな大きな声を出さないでください」

ひとりがそういって頭を抱えている。

「つまり……宿酔《ふつかよい》だったんです」

高妻はそういって愉快そうに笑った。

ふたりはこの日、けっきょく想い出の北岳を辿《たど》れなかったが、ああしてバットレスを見ながらお酒を飲めた幸せを噛みしめたことだろう。それなりに満足した笑顔でテントを撤収し、広河原へと下りていったようだ。


酒に関していえば笑い話ばかりではない。

テント泊のパーティメンバーが、明日は広河原に下りるだけだからと気を許し、周りに迷惑をかけるほどの大声で宴会をやっていたことがある。周囲のテントの人たちからの苦情もあり、高妻が叱りにいって宴会をやめさせた。そのときは大きなトラブルにもならず、すんなり眠ってくれたようでホッとした。

ところが翌朝、スタッフが外トイレで惨状を発見した。大量の吐瀉物《としゃぶつ》で便器が完全に詰まっており、床もおびただしく汚れていた。

犯人はわかっているのでテント場に高妻が向かうと、夜中に宴会をしていたパーティはとっくに撤収したあとだった。

「ひとことといってくれたならまだしも、知らん顔で逃げるように行ってしまうから困るんです」

どう掃除を試みても詰まった汚物が除去できないため、その個室の扉には当分の間、〈調整中〉の札をかけることになったという。

もうひとつ汚い話。

「夜中に二階の廊下を踏み鳴らし、階段を下りる乱暴な足音にびっくりして、裕子やスタッフたちと部屋から飛び出したことがありました。何だろうと思って見ると、凄い勢いで階段を駆け下りてきた男性のお客様が玄関ホールの板の間に……」

その場にまき散らしてしまったのだという。

「トイレは二階にあるんですよ」

酒の酔いが回り、気持ち悪くなったから、外で吐かなければならないとパニックに陥ったらしい。

「後片付けをするスタッフも大変だし、本人だってせっかくの楽しい登山が苦しみに変わるだけなんですけどねえ」

そういって高妻はひとつ溜息を洩らした。


困った客の話といえば、酒がらみだけではない。

「以前は外トイレに予備のペーパーを用意していたんですが、それを持って行ってしまう人があとを絶たないので、予備を置かないようにしたんです。必要になったら、その都度、厨房に声をかけてもらうことになりました」

外トイレといえば、かつては個室内に設置していた協力金のチップ箱から現金がごっそりと盗まれたこともある。

「ブリキの貯金箱みたいに硬貨を入れるようになっていました。それを誰かが缶切りで底を開けて、中のお金をぜんぶ持って行っちゃったんです。そのあとも知らずに別のお客様がチップを入れてくださっていたんです。そろそろいっぱいになったかと思って私が缶を持ち上げると、底から何枚かの硬貨が音を立てて落ちてびっくりしました」

白根御池小屋から歩いて三十分の二俣には、市の施設であるバイオトイレが設置されている（現在は撤去）。

ここの清掃は御池小屋が担当し、スタッフが定期的に掃除にいくのだが、そこでもまた盗難があったそうだ。

「昼間は登山者が使われるので、たいてい早朝か夕方に行くんです。その日はたまたま私が向かったんですが、協力金を入れるアルミ製の郵便ポスト型の箱がバールみたいなものでこじ開けられてました。さすがにニュースにもなったんですけど、以来、バイオトイレのチップ入れは頑丈な鉄の箱になったんです。どうしてはるばる山に来てまで、そんな悪いことをするのか理解に苦しみます」

最近はそこまでの悪事はめったになくなったという。

「チップは利用者それぞれのお気持ちですから、こちらも金額を指定しているわけではありませんが、小銭を財布からなくしたいのか、一円玉や五円玉のような小銭をチップにする人もいらっしゃいますね。ときには小石が入っていることもあります。何か音を立てて、いかにもお金を入れましたと周囲にアッピールするためじゃないかと思うんです」

高妻が少し悲しげな顔になったのは、本当はどこか人を信じたい気持ちがあるからだろう。

悪いことをする者が、いかにも悪人らしく行為をすることは、案外と少ないのではないだろうか。他人の視線がないのをいいことに、しれっと些細な悪事をはたらいてしまう。中にはいかにもといったふうな善意にそれをすり替える者もいる。

「罎《びん》の底に一センチぐらい残ったお酒をスタッフに差し出して、『これ、みなさんで飲んでください』って渡し、あっけらかんと下山していった人がいました。あれって、ようするに重たい空き罎を持ち帰りたくないからなんですね。自分の小ずるさを親切心に見せかけてそんなことをするんですから呆れます」

最近、とくに多いのが、スタッフがせっかく作った弁当を、目の前でアルミホイルやラップフィルムに逆さにして出し、それを巻いてザックに入れていく客たちだ。若い人がするんですかと訊ねると、むしろ中高年、それも六十代や七十代が多いと高妻はいう。

「お弁当の中身をぜんぶラップの上に出したあとで、これ、ゴミですから捨ててくださいって、空になった容器を平然とスタッフに返してくるんですよ。理由を聞くと重たいからっていうんです。だって薄っぺらい樹脂の容器じゃないですか。山小屋のお弁当って、お客様たちに美味《おい》しく食べてもらおうと、スタッフたちが心を込めて作って盛りつけたものなんです。それを目の前でそんなことをされたら、もうがっかりです。たとえばお母さんが愛情を込めて作ったお弁当に、その場で子供たちがそんなことをしたらどんな気持ちになるか、いくら何でも想像できると思うんですよ」

驚いたことに、団体で来たグループのリーダーがザックからラップフィルムを取り出して、「みなさん、これにどうぞ」といって配ってまわったこともあるという。

目の前にいる人の心の痛みを理解できない、あるいはしようとしない風潮が、今の社会には蔓延《まんえん》しているのではないか。

「うちの朝夕の食事では、ご飯と味噌汁のお代わりは自由にしてもらっています。ほっそりと痩《や》せた女性が何度も何度もお代わりに来るから、スタッフが不審に思って見つけたんですけど、テーブルの下でお代わりのご飯をおむすびにしていたんです。お昼のお弁当代わりにちゃっかり無料で持っていこうということなんでしょうね。都会のホテルなんかじゃ絶対にしないだろうってことを、山小屋だからって平気でするんです。たとえばファミリーレストランのドリンクバーで、出てきたジュースやコーヒーを水筒に詰めて帰ったりすると窃盗罪ですよね？『あのー、海苔ってありますか？』っていわれたときは、さすがに声を失いました」

罪の意識がないというか、それがいいことか悪いことかの判断もできない。そんな大人が世の中に増えたということなのだろうか。

また、こんなこともある。朝、スタッフが部屋に掃除に行くと、布団がぐっしょりと濡れている。

もしや寝小便かと思ったら、明らかに臭いが違う。

「スポーツドリンクなんですよ」

登山中に水分補給するため、ペットボトルやプラティパスなどの水筒に入れているものを、床や布団にこぼしたり、倒したり、足で踏んだりして大量に撒《ま》いてしまうことがある。

「中には証拠隠滅じゃないけど、濡らした側を裏返しにして出て行かれたこともありました。そういうときは、こちらも叱ったりしないから、ひと言いってくださればいいんですよね。なのに黙って行ってしまう。スポドリなんかだと糖分が多いから、布団そのものがダメになってしまうんです」

旅の恥はかき捨てという諺《ことわざ》があるが、まさにそれを地で行くような話だ。

昔から日本には〈恥の文化〉というものがあったはずだが、高妻は昨今はそれが希薄になっているような気がしてならない。

「小屋の玄関脇に缶ビールやジュースを冷やしている水槽がありますね。あそこは裏山に設置した中間タンクからダイレクトに水を引いた水槽だから、とても水温が低いんですけど、そこに、肘まで袖をまくって腕を浸して気持ちいいってやってるんです」

さまざまなエピソードを語る髙妻は、しだいに昏《くら》い顔になってきた。

毎シーズン、五千人の宿泊客が泊まっていくという白根御池小屋。

たしかにいろいろな人がいる。髙妻と裕子、そしてスタッフたちはそんな彼らに対応しなければならない。ストレスもどんどん蓄積していくのだろう。

「小屋にいらっしゃるお客様全員にきちんとサービスができるか、というと、それはいくらなんでもむりなんです。でも、その努力は怠ってはいけない。そんな私たちを、お客様はきちんと見てくださっています。もちろん長く山小屋をやっていると、いろんなことがあります。お客様とのやりとりで落ち込んだりもします。正直、もういいかげんにやめたいって思うこともある。でも、そんなときにかぎって、嬉しくなるようなことがなぜか舞い込んでくるんです。不思議と別のお客様に助けられたり、心が救われたりするんです」

遭難で怪我をして救助され、無事に退院した登山者がひょっこりとお礼に訪ねてきたりする。

小屋のサービスや、スタッフたちの懸命な姿を誉められることもある。

「たとえば社会というものがピラミッド型だとしたら、山小屋では私が頂点でその下にスタッフたちがいると表現できます。でも、実際は逆だと思うんです。いちばん下に私がいて、その上に従業員たちがいて、どんどん上に向かって広がっていき、いちばん上にお客様たちがいる。だから、私という軸がぶれると、それはお客様にまで伝わってしまいます」

給仕中に「ここのお茶って美味しいわね」と何気なく客から声がかかるだけでも、幸せな気持ちになると高妻はいう。常日頃から、「お茶も立派な料理なんだよ」と高妻はスタッフにいっている。必ず自分で飲んでみて、納得する味でなければ食堂に出せない。地味な仕事かもしれないが、それが料理の基本だと思っている。

そんな努力の甲斐あって、ここではお茶も料理も評判がいい。

「食堂でおひとりで食事を取ってらっしゃったお年寄りの方がお代わりをされてから、スタッフに向かって『ここのご飯と味噌汁は本当に美味しいね。こんなに美味しいのは食べたことがないよ』っていってくださったんです。で、その方の目を見ると、涙が光ってたそうなんです」

朝、ザックを背負い、靴を履き、小屋を出発しようとした登山者から、突然、お礼の言葉をかけられたことがある。

玄関ホールで見送っていた高妻と裕子はびっくりした。

「お年寄りの単独行の人でした。何か忘れ物でもされたかと思ったんですが、その方は、私たちの前に立って、帽子を脱いでからこういわれたんです。『今まで泊まった山小屋の中で最高でした』って」

いつの間にか高妻の渋面が消えて、さわやかな笑みが戻っていた。

「接客業って、いいことも悪いこともストレートにお客様から返ってくるんですね。だからお客様から誉められたときは、必ず裕子やスタッフたちに伝えるようにしてます。そうすることによってみんなのモチベーションが高まり、やる気が湧いてきます」

これまで十一年、山小屋をやってきたことで、あなたの中で何かが変わりましたかと訊ねてみた。

高妻は少し考えたあとで、こういった。

「いろんな努力をして失敗をくり返して、泣き笑いがあり、素晴らしい想い出もあれば後悔だっていっぱいある。そんな中で、ようやく十一年目にして〈御池カラー〉みたいなものができてきたと思うんです。今はその色に合わせればいいって思うんです。さらにこの先、十年、二十年と経っていくうちに、もっとその色がはっきり見えてくるんじゃないでしょうか」

その日の宿泊客全員が出発し、掃除が終わり、次の宿泊客を迎える準備がととのう。そうしてスタッフたちの間に安堵の空気が流れると、高妻と裕子は御池の畔に立つ。アメンボがスイスイと泳ぐ水面に青空がくっきりと映っている。その向こうに北岳がそびえる。

「御池の神様っているよねって、裕子がよくいうんです。私もそう思います。きっといつも私たちのことを見てるよねって」

そう。神様はきっといる。

だからいろいろな泣き笑いがこの小屋にはあり、びっくりするような偶然があり、小さな奇跡だって起きたりする。そんなドラマを紡ぎながら、今日も白根御池小屋は大勢の客たちを迎え入れている。

文庫版追記

二〇一九年を最後に、それまで白根御池小屋を現場管理していた髙妻潤一郎・裕子夫妻が北岳から去ることになった。

翌年度はコロナ禍によって北岳に入山規制が敷かれ、各山小屋が閉鎖されていたが、二〇二一年度から規制が解かれ、それぞれの営業がふたたびスタートした。髙妻夫妻のあとを受け継いで白根御池小屋を切り盛りするようになったのが吉澤斉大《よしざわなおた》である。

四十歳になるという吉澤だが、見た目はいかにも今風の若者である。登山歴は長く、山小屋の仕事にも精通している。

東京生まれの吉澤は、中学高校時代から山岳部で山になじんでいた。

成人して就職し、一時は登山から離れていた。飲食業からアウトドアメーカーに転職し、その頃から登山を再開、だんだんと本格的にその世界に入っていった。

とりわけ足繁く通ったのが南アルプスだった。

「東京から近かったこともあります。よく中央本線の終電に乗って、甲府駅から朝一番のバスに乗っては山に向かってましたね」

登山地図にあった南アルプス山系のピークはほとんど踏んだという。

「山小屋で働くようになったのは、何度となく通ってきた南アルプスをもっと深く知ってみたいと思ったためです。中でも北岳は職場の同僚や知人とともに登り、思い出がたくさん詰まった場所でした。北岳山荘付近の稜線からの景観や、季節を変えて咲く幾多の高山植物にも魅力を感じていました」

アウトドアメーカーを退職した吉澤は、北岳山荘のスタッフとして働くことになる。

「それまでひとりの登山者として山小屋を見てきたんですが、実際に自分が業務に携わるようになると、見えない部分での仕事が想像以上に多くてびっくりしました。初めての山小屋での仕事が北岳山荘で良かったと思うんです」

アウトドアメーカーで登山のノウハウに関することをいろいろ学んできたが、やはり山小屋での作業は、実地で何がどれだけできるかというスキルがものをいう。頭を使い、体を使い、あれやこれやと無駄のない動きでテキパキと働かなければならない。

「三千メートルという標高にあるから気象条件がシビアで、何しろ夏場だって半袖を着ていられるのは二十日ぐらいですからね。山小屋の環境は天候に大きく左右されるし、とにかくやるべきことが多くて、それこそ毎日が必死でした」

そうして北岳山荘でつちかった経験が、彼自身が新しく管理人となった白根御池小屋でも役に立っている。

「北岳山荘には発電機が七台あったんです。それぞれの役割があって、まったく目的が違うんですよ。一方で、白根御池小屋には発電機が二台しかない。だけどそのぶん、ちゃんとシンプルに無駄なく発電機の有効利用ができている。最初に難しい山小屋仕事をこなしてきたおかげで、そういったことがちゃんと見えてくるんですね」

山小屋の仕事でいちばんの苦労は何かと訊いてみた。

「やっぱり、小屋開けですね」と、即答が返ってきた。

登山シーズン前の小屋開けは、雪かきに雪下ろし。とにかく毎日、雪との闘いである。

そんな中で水源から水を引いたり、発電機を復旧させたり、風雪で傷んだ箇所を修繕したり。登山客を迎えるまでにやるべきことが山ほどある。

シーズンが始まれば始まったで、大勢の宿泊客などへの対応で多忙を極める。

「夏になったからと安心はできません。たとえば台風が何度か過ぎ去ったあと、急激に気温が下がることがあるんです。そんなときに水道管の破裂があったりします。だから、水抜き作業をちゃんとしなければいけません。体はまだ夏モードなのに、真冬の仕事をするわけです」

それまで彼自身、知らなかった山小屋のトイレ——屎尿《しにょう》の汲み取り作業も必須である。

「一般の登山者の方々の目にはまず触れないところですが、防護服みたいな格好で全身を包み、汚泥がたまった槽にバキュームポンプを差し込んで吸い出す仕事です」

その屎尿は別のタンクに密封され、ヘリで麓まで搬送される。まさに過酷な重労働である。

さまざまな大工仕事をしたり、発電機のメンテナンスや水道管の施工まで——山小屋の仕事は〝何でも屋〟でなければならないと吉澤はいう。

「とりわけ電気系統に関しては理解するのに苦労しました。ただ幸運なことに、自分が働く小屋にはたまたまそれぞれの作業のプロみたいな人がいて、師匠みたいな感じで逐一教えていただけたんです」

そうした多忙なときに、だしぬけに舞い込んでくるのが遭難の報告だ。

遭難救助は山小屋の大きな役割でもある。何を差し置いても、他のスタッフらと押っ取り刀で飛び出してゆく。

山梨県警の発表によると、二〇二二年度、県内で発生した遭難発生状況は一五五件。そのうち十九人が亡くなっている。コロナ禍における自粛が終わって登山客が山に戻ってきたのはいいが、やはり人が増えればいやでも事故は発生してしまう。

「去年の夏、吊尾根《つりおね》分岐付近から救助要請の連絡が入りました。高齢者三人のパーティだったんですが、ひとりが雨と寒さで行動不能になっていました」

折しも横殴りの雨の中、アルバイトの若者とふたり、吉澤は救助に向かった。

現場で発見した要救助者は、レインウエアこそ身にまとっていたもの、ペラペラに薄い上下だったという。防水機能もろくになく、浸透した雨で衣服も体もびしょ濡れになり、低体温症にかかっていた。

テント泊のパーティメンバーだったが、しっかりと食事を取らなかった上、さらに眠りが浅くて疲労が残っていたようだ。それが暴風雨のような悪天の中、疲れと体の冷えで膝の力が抜け、歩けなくなったため、救援を呼ぶことになった。

「吊尾根分岐からトラバース道を伝って、北岳山荘まで介添えで搬送しました」

ちょうど山荘は工事中だったが、やむなく室内に入れて寝床と食事を用意したという。

さいわい、翌朝には元気を取り戻して、無事に自力下山できたそうだ。

「軽量登山が流行といっても、やはり限界があります。三千メートル峰は想像を絶する過酷な環境です。それに見合うだけのしっかりした装備で来てほしいと思うんです」

その年、吉澤にとって忘れられない、もうひとつの救助出動があった。

山頂から吊尾根を経て、左俣コースと呼ばれる大樺沢沿いの登山道を目指していた単独行の女性登山者が途中でルートを見失った。当日は台風が来る前日で天候が下り坂になり始め、ガスが濃くかかって視界が悪かったという。そんな状況の中、本人は転倒もしくは足を滑らせ、転げ落ちてしまった。あとで判明したのだが、二百メートル近く滑落していたらしい。

現場で動けなくなった本人は、携帯で救助を要請した。彼女が所持していた携帯のキャリアはほぼ圏外のエリアだったが、たまたまその現場だけ電波が届いたのが幸いだった。

出動要請を受けた吉澤は、白根御池小屋に常駐していた警察官とともに現場に向かった。同時に、麓からも別の警察官が救助のために現場を目指して登ってきていた。

吉澤たちは電話で要救助者との通話を試みながら捜索したが、やはり電波感度が悪く、応答がない。大声を上げて呼びかけながら、通報があったとおぼしき場所を捜したが、要救助者の姿は確認できない。ようやく本人のものらしい笛の音をかすかに聞きつけたが、そこは通報があった場所とはまるで違っていたという。しかもすでに日が暮れて周囲は真っ暗。相変わらずのガスのため、これ以上の捜索は危険と現場の警察官が判断。いったん白根御池小屋まで戻り、けっきょく翌日、民間の救助団体によって発見、搬送された。

昨今、登山者はGPSやスマートフォンの位置情報を頼りに山行する者が多いが、ふだんから読図能力を磨いたり、目視などによる現在位置の把握を身につけておかねば、いざというときにこんなことになるという事例である。

最近になって、山小屋経営のコツのようなものが少し見えてきたと、吉澤はいう。

「接客業の根底にあるのは、お客さんから〝ありがとう〟という言葉をもらえることだと思うんです。イレギュラーな客層の中で、サービスのバランスをどこに合わせるか。北岳山荘と白根御池小屋とでは、はっきりとあり方が違うんです。自分が運営の立場になってみて、そのことが現実味をもって理解できました」

スタッフに関しては、ルールで縛り、締め付けすぎないことがコツだという。

「自分がここで必要とされていると思ってもらえることがいちばんです。何かあっても、頭ごなしに叱ったり、否定したりしないで、個性を大事にする。同じゴールに向かうなら、どのルートを通ったっていい。その人がしっかり考えていることがあれば、それを尊重する。つまり、多様性を積極的に受け入れるのが自分のやり方ですね。周囲のアルバイトのメンバーは、ここ何年か、ほとんど同じ顔ぶれなんです。だから気心が知れて、互いの連携がうまく取れてます。短期バイトよりも、やはり長期で常駐していて、いつも同じ場所から同じ景色を見ているほうが、いろんなことに気づくと思うんですよ」

コロナ禍以降、密を避けるために宿泊に余裕ができた。それは見方を変えれば、コミュニケーションの場を提供しやすいという取り方もできる。

「山という共通項目で、世代や出身、住んでいる場所などを問わず、初めての人同士で会話ができる。そんな空間としての山小屋でありたいと思います。もちろん外国から来られる方も同様で、今はGoogle翻訳などで言葉の壁が以前ほどなくなりましたね。当然、宗教的な習慣の相違があったりすることはありますが、最近ではむしろ日本の文化をちゃんと理解して来日される方が増えたような気がします」

宿泊にしろテント泊にしろ、山小屋の存在は登山者にとっては重要。砂漠の中のオアシスのように、なくてはならないものだ。だからといって、サービスを手抜きしたりはできない。

そんな中で、「登頂はもちろん、その小屋に来るのが目的という客を増やしたい」という吉澤。そのためのオリジナルなアイデアを、今年の開業に向けて構想しているようだ。

広河原山荘

広河原山荘DATA

標高1520m。北岳への登山口、広河原に建つ。2022年にバス停そばに移転。収容人数101人。6月下旬~11月上旬営業。

問合せ先☎090-2677-0828

1

二〇一七年九月二十四日。午前九時過ぎ。

甲斐駒《かいこま》ヶ岳を真北に見る標高二七一四メートルの栗沢山《くりさわやま》に、大勢の登山者たちの姿があった。登山ガイドの男性に率いられた十七名のパーティだ。昨夜、宿泊した長衛《ちょうえい》荘を早朝に出発し、仙水峠《せんすいとうげ》のルートをたどって、この頂上に到達、全員で小休止をしていた。

その日は早朝から見事な青空が広がり、気持ちのいい秋晴れとなった。

ゴツゴツした大小の岩が積み重なる場所で、パーティメンバーは写真を撮影したり、座ってお茶を飲んだり、行動食を口に入れたりしながら、それぞれつかの間の休憩を楽しんでいた。甲斐駒ヶ岳の雄姿が間近に迫るように見えている。

やがて休憩時間が終了し、みんなが立ち上がり、ザックを背負い始めた。

ふいにうめき声がしてメンバーが振り返ると、その場にうずくまっている人がいた。

驚いたことにガイドの男性だった。

何人かが駆け寄ると、本人はすでにその場で意識を失っていた。

「どうされました⁉」

ひとりが声をかけたが、やはり意識は戻らない。別のメンバーが携帯電話で一一〇番通報する。それから間もなく、山梨県防災ヘリ〈あかふじ〉が飛来した。要救助者はすみやかにピックアップされ、甲府市内の病院へと搬送されていったが、けっきょく死亡が確認された。

死因は病死だった。

亡くなったガイドの名は塩沢久仙《しおざわひさのり》。

一九四二年、山梨県旧櫛形町《くしがたまち》（今の南アルプス市）に生まれ、中学生の頃からずっと地元南アルプスの山に馴染んできた。六五年に夜叉神峠《やしゃじんとうげ》小屋の管理人となり、八五年からは広河原《ひろがわら》山荘の管理人を務めていた。芦安《あしやす》ファンクラブや日本高山植物保護協会などで活動し、のちに芦安山岳館の初代館長となったことでも知られている。

山岳遭難での出動や環境保全活動への貢献が認められ、二〇一三年の叙勲で瑞宝単光章を受賞した。二〇一四年には日本山岳ガイド協会の認定を受けて、南アルプスガイドクラブを設立し、二十名近い山岳ガイドを養成した。

南アルプスの名物男として知られた人物の、あまりに惜しまれる突然の死であった。

亡くなったその日は、奇しくも本人七十五歳の誕生日だった。

「親父は昔から何事も我慢して、心の内を他人に明かさないところがありましたね。相当、しんどかったんじゃないでしょうか。山頂に立って、とうとう力尽きたんだと思います。よりにもよって誕生日にですよ。まあ、親父らしいといえばそれまでですけど」

息子の顯慈《けんじ》はそういって笑った。

インタビュー当時、三十八歳。いかにも山男らしい頑強そうな体軀に、どこか少年っぽさを残した屈託のない彼の笑みの中に、少しだけ寂しさのようなものがうかがえた。

父親の久仙には、もともと持病のようなものはなかったという。

「ただ、ちょっと気になっていたんですが、最近、疲れたってよく洩《も》らすようになったんです。日頃からそんなことをいう人じゃないから、おかしいなとは思っていたんですが……。あのパーティ登山はお袋の呼びかけでしたから、ちょっとむりをしてしまったんでしょうね」

もしかすると、本人の知らぬうちにどこかに不調があって、ひそかに体が少しずつむしばまれていたのかもしれない。

息子、塩沢顯慈は一九八〇年七月生まれ。

三人兄姉の末っ子だった。

顯慈という名は、父の知己であった山岳写真家の故・白籏史朗《しらはたしろう》によってつけられた。

久仙はいつも山にいるため、家庭に不在がちだったが、幼い頃から母の裕子に連れられて父のいる山小屋に通っていたそうだ。だから、彼にとって山は遊び場だった。

しかし、そんな日々を送るうちに、しだいに気持ちが変わってきたのだという。

「山はたしかに好きだったんですが、何となく母親に〝連れて行かれてる感〟みたいなものがあったんですね。だから、だんだんと山から心が離れていった感じがするんです」

それだけ早いうちから、彼の中に自立心のようなものが芽生えていたのかもしれない。

一度は山梨県内にあった調理師の学校に行ったりして、すっかり山から離れていたが、そこを卒業したのち、顯慈はまた山に戻ることになる。

きっとそうなる運命だったんですねといったら、彼は笑ってかぶりを振った。

「そんなに大したもんじゃないんですよ。たんにアルバイト感覚で山の仕事を手伝うようになっただけです。当時はまだ若くて遊びたい時期だったし、何かにつけて中途半端な感じでしたね」

それがどうして、今のように山の仕事にのめり込み、山に生きるようになったのだろうか。

「小さな頃から、たびたび山の上に立って下界を見下ろしていたときには気づかなかったんですが、あるとき麓の街から山を見上げていると、ふとそこに惹《ひ》かれている自分に気づいたんです。あえていえば郷愁みたいなものでしょうか」

顯慈は遠い目でそうつぶやいた。

そこにはきっと父親の影響もあったはず。

すると顯慈は納得したように頷《うなず》いた。

「そうですね。影響はたしかにありました。最初は特に意識していなかったんですが、だんだんと親父の存在感みたいなものが見えてきましたね」

子供の頃から山に入っていただけではなく、人一倍、体力には自信があったそうだ。

高校時代はレスリング部でならしたという。同じ頃、地元のテコンドーの道場にも通っていて、全国大会に出場したこともあるという。そんなふうに武術、格闘技に傑出し、体力に秀でていても、彼にとって山の現場はなかなか思うようにならないことがあった。

山で働くということは、必然的に遭難救助にも携わることになる。誰よりも事故現場に近い場所にいるわけだから、救助要請を受けたら是が非でも飛び出してゆかねばならない。行ったら行ったで過酷な活動が待ち受けている。

「怪我《けが》人を担ぐにしろ、想像を絶する重労働です。体重二十キロの登山者なんていませんからね。でも、いちいち文句をいってられないんです。何も遭難したくて山に来る人なんていない。それをわからなきゃいけないんです」

山岳救助の初体験はいくつだったのだろうか。

「ちょうど小屋で働き始めたときで、二十歳でした。現場が早川《はやかわ》尾根にある白鳳峠《はくほうとうげ》だったんですね。親父に連れて行かれたんですが、あそこは勾配が急で、しかも狭くて難所続きなんです。くわえて、とっぷりと日が暮れていて、マジにきつい現場でした。要救助者は五十五、六歳ぐらいの男性で、足の骨が折れてました。親父とふたりで交代しながら担ぎ下ろしました。そのときは警察官が二名ほど応援に駆けつけてくれたんですけど、何しろ現場がきつすぎて、われわれについてこられないんです。途中で警察官のひとりが足場を失って一メートルぐらい滑落したりしました。何とか二名にはすぐ後ろを歩いてもらうようにし、下りの足元をライトで照らしてもらったりしました。で、無事に下りて来られたんですが、怪我人を担いで下りる親父の後ろ姿を見て、凄《すご》い人なんだなあとあらためて思いましたね」

父とともに要救助者を担ぎ下ろし、無事に病院に送ることができた達成感のようなものが自信につながったのだろう。その頃から、顯慈はだんだんと山の仕事に本腰を入れるようになる。

「親父が芦安山岳館の初代館長になるってんで、代わりに小屋の管理人をやらないかって誘われたんです。迷いもなく、承諾しました」

顯慈が二十六歳のときだった。

それから十二年の歳月が流れていた。

山での日々の仕事は鋼《はがね》のように男を鍛える。しかし、いくら汗水流して働いても、精神をたくましくすることはなかなかできない。それにはある種の経験が必要となる。

「まだ山小屋を継ぐ前ですが、二十二歳のときに、ちょっとしたことで一般のお客さんと口論になったんです。他愛もないことが理由なんですが、そのお客さんに『登山届はどこにありますか?』って訊《き》かれて、いらっとなってしまったんですね。それまで同じようなことを他のお客さんからも何度も訊かれていたので、つい『何でこんなことがわからないんだろう?』ってもどかしく思えて、自分の中で切れてしまったんです」

なるほど、頷いてしまった。

筆者も登山ルート沿いで渓流釣りをしていて、近くの林道を歩くハイカーたちから「何が釣れるんですか?」などとたびたび質問を投げられることがあった。最初は「岩魚《いわな》です」などと答えていたが、同じことをいろんな人から訊ねられるうちに、だんだんいらいらしてきたものだ。

「でも、たとえば私自身が同じことをたとえ百回訊かれても、そのお客さん当人にしてみれば一度きりの質問じゃないですか。そのことにようやく気づいたんです。どうして、その場でていねいに返せなかったんだろう――そう思ったときに、自分の立ち位置みたいなものがわかった気がするんですね」

自分の中に湧いた理不尽な怒りは、小屋の管理人としてのミスだったのである。

筋肉は酷使することによって壊れ、再生しながら強化されていく。同じように人間は失敗をすることによって、何かを学び、次に生かせる経験となる。むろん同じミスは許されないが、少なくとも自分の失敗をバネにして、そこから次のステップにゆくチャンスにできるはずだ。

そんな経験は彼をどういう方向に導いているのだろうか。

また、それまで父親がやってきた山小屋の二代目として、不安や難関はなかったのだろうか。

「親父のあとを継ぐということに関して、特にプレッシャーとかはなかったんですが、あえて、あの人がやってきたこととは違う方向で仕事をしようと思いました。だから、自分がここでやりたいと思うことをやるだけですね。親父は誰からも〝凄い人だった〟といわれる。でも、それと同じレベルを求めてきたり、同じことをやってほしいとか望んだりする人はいないと思うんですよ。だからあくまでも自然に、自由に山小屋をやっていきたいんです。自分の子供らにも、そんな親の姿を見てもらいたいと思ってます」

父を否定するわけではない。それどころか、数々の偉業で知られる父へのリスペクトもある。しかし同じ仕事をやるからにはたんなる追従ではなく、自分自身の個性をそこで発揮したかったという。

「時代が変わったことを意識していたかったんですね」

久仙は古いタイプの山の男だった。

山の知識や経験が豊富で、人望もあった。体力は人一倍あって、夜叉神峠小屋の時代には巨大なプロパンのガスボンベを背負って、何度も小屋と麓を往復したという。

しかし、そうしたひとりの人間の奮闘努力が一軒の山小屋を支えて切り盛りできる時代ではなくなったはずだと彼は思っている。

「それまで自分がやってきたことを、どうせならここで生かしてみたかったんです」

調理師の学校に行ったおかげで、料理に関しては学んでいる。山小屋を仕切るにはまだまだ経験不足だったかもしれないが、やれることはやってみようと思った。

広河原山荘は、他の山小屋と同じく六月の開山からスタートして、十一月の小屋仕舞いまでの営業となるが、北岳《きただけ》などへの登山起点である広河原という立地条件のため、宿泊よりも食事に力を注いでいる。

それまで山小屋では常識だったインスタント食品や冷凍食品は極力減らし、新鮮な食材を購入してストックしている。毎日のように仕込みをして、味に徹底的にこだわり、ていねいに出汁《だし》を取る。一般には面倒だと思われるようなことを、あえてやっている。

インスタントや冷凍食品はたしかに楽だが、それはあくまでも山小屋側の視点であって、小屋を訪れる登山者にとっては関係ない。どうせなら、山でだって、いや、山だからこそ美味《おい》しいメニューを食べてみたいはず。

そのニーズに応えたかった。

試行錯誤の末、地元の野菜を使ったベジカレーや、甲州ワインビーフを使った牛丼や肉うどんなどを定番メニューとし、どれも好評を博した。盛期には売り切れになることが多い。

「食材は厳選しました。野菜ももちろんですが、肉屋だけでも三軒、飛び込みで回りましたね。これはというものを見つけたら、地道に交渉を重ねてきました。調理師学校時代の友達が、あちこちで頑張《がんば》っている姿を見てるんです。苦労の割には給料が安くて、それでも歯を食いしばってやっている。だから、負けられないと思いました」

山小屋がオフシーズンの春先には、顯慈は里山に入り、さまざまな山菜を採取するという。

「タラノメとか、コシアブラ、ワラビ、ゼンマイなどですね。あちこちで採ってきて、冷凍保存しておくんです。それを六月の営業から食材として、お客さんにお出しするようにしています」

筆者は北岳登山のスタート時、広河原山荘前に荷を下ろして昼食を注文することが多い。メニューの中でも、とりわけ山菜うどんが好きで、それが自分の定番となっていた。あの丼の中に入っていたワラビなどは、顯慈自身が採ったものだったと知って驚いた。

顯慈なりの方法で山小屋を経営しているうちに、十二年があっという間に過ぎた。

そんな広河原山荘は、やはり父の存在があったからこそと彼はいう。

「親父はけっして自分から表舞台に立たず、縁の下からいろいろな人を持ち上げたり、才能を伸ばしてあげるようなところがありました。まるであちこちに種を蒔《ま》くみたいにね。南アルプスにはいろんな植生があって、多様に開花しているように、親父の周囲には、親父が蒔いた種でたくさんの花を咲かせた人たちがいっぱいいるんです。それだけ大きな男だったんだと思うんですよね。だから、自分に親父の真似は絶対にできません」

けっしておのれが得をしたり、目立ったりするためではなく、いつも他人のために尽力していたという父を、子供の頃から顯慈はどう見ていたのか。あるいは家庭ではどんな人物だったのだろうか。

「何しろ、根っからの山男でしたから、ほとんど家にはいなかったんです。でも、たまに帰ってくると、ごくごくふつうの父親でした。テレビを観て笑い転げてたり、家族の前で駄洒落《だじゃれ》をいってみたりとか、そんな感じでした」

たとえば子供時代には反抗期のようなものがあるわけだが、顯慈や兄姉たちは、こと父親に対しては、そんなところはなかったそうだ。あえて意図的に父に反発してみたりなどという経験もなかったという。

「山小屋の管理人だとか、山岳館の館長だとかいわれて、周りの人からすると凄く権威があって偉そう、怖そうって思われるところはあったみたいですけど、まったくそんなところはなかったですね。あくまでも気さくで、くだけた人でした。われわれ家族にもいつもそんな感じで接してくれました」

そうした父の姿を顯慈はどのように見ていたのだろうか。

また、どういった親子のふれあいがあったのだろうか。

顯慈は懐かしげに遠くを見て、こういった。

「とにかくよく相談を聞いてくれました。権威を示したい父親だったら、子供から相談されるとたぶん、偉ぶって応えてみたり、上から目線で押しつけてきたりすると思うんです。でも、そんなことがまったくなくて、ふんふんって感じで自分の相談に頷いてくれたりしてましたね」

つまり——聞き上手ということですかというと、顯慈は嬉しそうに頷いた。

「いいから、思った通りにやってみろよって、そんな感じの受け答えしかしないんです。具体的なアドバイスはぜんぜんなかった。でも、親父に相談することで何というか、不思議と気持ちが楽になったり、気分が晴れたりしたんですね。だから、まさにそれは聞き上手だったってことなんでしょう。相手がどうしても一歩踏み出せないようだったら、それを親父はすぐに悟って、一センチでも二センチでも少しずつ持ち上げるような感じで、ごく自然に助けてくれる、そんなところがありました。でも、自分にしてみれば、小さな頃から親父のそんなところに気づいていたわけじゃなく、ずっと自然な感じでそんな親子関係でやってきたんです。だから、本当に親父の良さというか、凄さがわかってきたのは、親父が亡くなってからでした」

広河原山荘は、そんな親子二代によって切り盛りされてきた。

一九八五年七月に営業が開始され、以来、ゆうに三十三年になるのだから、さすがに歴史は古い。老朽化もかなり進んでいるため、取り壊しと建て直しが決定し、野呂《のろ》川を挟んだ対岸に新小屋の建築が始まっている（二〇二二年に完成）。

それでもここが北岳への登山道入口にある山小屋であるという立ち位置は、この先もずっと変わらないだろう。

「ここは、山に向かう出発点であり、終点でもあるんです。だから、『いってらっしゃい』と『お帰りなさい』をいえるんです。けれども自分は〝門番〟みたいな立場にはなりたくない。何気《なにげ》なく声をかけてくれる、気さくなお兄さんという感じで、登山をする人たちに接していきたいんです。そうやってひと声かけて差し上げるだけで、みなさんが喜ばれるのがわかります。たとえば登山というのはストレスというか、かなりの疲労をともなうものですから、それを癒《い》やせるのが山小屋だと思うんですよ。うちで食事をしたり、宿泊をしていただき、元気になって山に登られるのを見送ったり、あるいはまた、この山に戻ってきていただくために、ここはあるべきだと思うんですね」

淙々《そうそう》と美しい水が流れる野呂川の渓流。

吊り橋を渡って、最初に登山者が辿り着く山小屋、広河原山荘。

木洩《こも》れ日の中で外テーブルの脇にザックを下ろし、瀬音を聞きながら登山の準備体操をする人たち。あるいは疲れ切った姿で北岳から下りてきて、ホッとひと息つく。

そんな人々を、塩沢顯慈は若いスタッフたちとともに、今日も見守っている。

2

午前三時半。山はまだ真っ暗だ。

いつものように塩沢顕慈が起床する。

自然とその時間に目が覚めるのだという。

手早く洗面して厨房に向かうと、さっそく朝食の準備を始める。四時半にスタートする宿泊客たちの食事に向け、てきぱきと無駄のない動きで仕事を進めていく。

この山小屋にはもうひとり、五十川仁《いかがわひとし》というベテランスタッフがいる。

広河原山荘で働くようになって十年目。途中で北岳山荘でスタッフを務めていたこともあるが、ほぼ広河原山荘のチーフ従業員としてやってきた。

仕事のノウハウをほぼマスターしているから、いわば顕慈の片腕的存在といえる。他のスタッフや友人たちから〝イカさん〟という愛称で呼ばれる彼は、その名にふさわしく、人なつこい笑顔が印象的な山男だ。

「朝食の用意は顕慈くんがひとりで担当します。彼が不在のときはぼくがやります。基本的には鮭、三色皿（三つ仕切り皿）と味噌汁、ご飯というメニューですが、すぐに食堂に出せるように、前夜から仕込みをするなどしていろいろと工夫しています」

朝食の時間はもともと午前五時からだったのを、四時半からのスタートに繰り上げたそうだ。

それは登山道入口にある広河原山荘という独特のロケーションゆえだという。

夜叉神峠方面からの乗合タクシーが最初に広河原まで上ってくるのが、だいたい五時五十分。そのため朝食の提供が五時からだと、宿泊客がタクシーに乗るタイミングがギリギリになってしまうし、下手をすると乗り遅れることになる。

宿泊人数分の朝食を用意していると、すぐに午前四時半からの朝食の時間が迫ってくる。その頃になると、早番のスタッフが起き出してくる。

顯慈はいう。

「お客さんが二十人を超えた場合はひとり、手伝いをしてもらいます。五十人ぐらいになると、さすがに足りないのでもうひとり、スタッフふたりをサポートとして朝食の配膳を行います。ですが、ふだんのうちは基本的に起床時間は自由で、七時頃から始まる掃除に間に合えば、いつ起きてもいいというルールになってます」

そんなふうに、ここではスタッフたちに対してかなりの自由な規則設定があるようだ。

他の山小屋に比べてユニークなルールだと思えるが、もちろんそれは管理人なりのこだわりがあるからだという。

「うちに働きに来るスタッフは、男性が少なくて、ほとんど女性ですが、とにかく自由人が多いんです。とりわけ変わった人も来ますね。たとえば朝食をとる者とそうでない者がいるけど、無理強いしたりしない。起床時間も比較的自由だし、いちばんつらい作業も、まずはこちらでやってみせる。仕事のハードルを高く設定せず、必要最小限のことができたらいいと思ってます。働いている自分やイカさんの姿を見てもらって、あくまでも自発を促しながら、いいところを伸ばしてあげるのがコツですね。そんなふうにやってるうちに、彼らのほうから、何かにつけて相談してくるようになります」

スタッフたちの中には仕事ができなかったり、脱落したりする人もいるんじゃないですかと訊いてみると、顯慈は頷いた。

「能力に差があるのは仕方ないんです。だからそれぞれを適材適所に配置するようにしてます。この子は接客に向くとか、この人は力仕事のほうがいいなとか、それを見極めるのも管理人としての仕事ですからね。その時間にできないならできないといってくれたら、ちゃんと時間をずらしてあげるし、仕事の内容を変えてあげてもいい。もちろんミスをしたっていいんです。人間ですからね。もしも間違ってお客さんに何か迷惑をかけてしまったなら、そのときは謝ればいい。必要だったら自分もいっしょにお客さんの前に行ってあげるから大丈夫だよっていいます」

朝食が終わると、宿泊客たちはそれぞれ出発し始める。

これから北岳や他の山を目指す人たちもいれば、あとはバスやタクシーに乗って帰るだけという人たちもいる。広河原山荘は登山の起点でもあり、終点でもある。

登山ではなく、釣りが目的で宿泊をする客たちは、朝食があまり早くても時間をもてあましてしまうため、食事タイムを少しずらしてあげることもあるという。

ハイシーズンでないかぎり、客それぞれのニーズに合わせることも大事だという。

ひととおり客たちの朝食が終了すると、スタッフたちによる片付けが行われる。

その頃になると、多忙だった顯慈や五十川にも、やっと休憩時間が訪れる。

「最終バスに乗り遅れて、やむなく宿泊するっていうお客さんたちも少なからずいらっしゃるんですが、あわただしく出発される登山者たちに比べて翌朝は比較的のんびりされてます。だから、そうした人たちといろいろな話をする機会も多いですね」

宿泊客の送り出しが終了すると、午前七時ぐらいから小屋の掃除が始まる。

すべての客室、小屋内のトイレに外トイレ、一階の食堂と厨房をきれいにする。

「だいたい一時間から一時間半ぐらいで掃除が終わります。そのあとは二、三十分ぐらいお茶のブレイクです」

どの山小屋にも、朝の仕事ラッシュが終わったときのホッとひと息つく時間がある。

「山小屋で働く人は家族だと思ってます」

顯慈はにこやかな顔でそういった。「でも、だからといってみんなで仲良くしろとはいわない。ベタベタする必要はないし、それぞれが割り切って仕事をすればいいっていってます」

この山小屋のスタッフは自由が基本。

しかし、自由といっても勝手とは違うと、顯慈は主張する。

自由というのはあくまでも自分で思考し、ここまでフリーでやっていいという認識を持つこと。それに比べて勝手はまさに身勝手だ。そこに自己責任は存在しない。

だからといってけっして無理強いはしない。あくまでも自分たちの裁量で考えてもらう。

「みんなに押しつけたくないんです。だから、たまたま自分が厳しくスタッフにいったら、イカさんが優しくフォローするっていうふうに、そんな関係というかバランスを保ってますね」

短いブレイクタイムが終わると、広河原山荘のスタッフたちはすぐに昼の仕込みにとりかかる。

広河原山荘の昼のメニューは以下の通り——肉うどん、山菜うどん、カレーライス、牛丼など。中でも甲州ワインビーフを使った肉うどんと牛丼は人気の定番だ。カレーも新鮮な地元の野菜を使ったベジカレーだから、注文が多い。

ご飯には地元の米を使い、味噌汁の味噌にこだわり、出汁とりから始めるという徹底ぶりは料理人である顯慈ならではのこだわりだ。ポテトサラダも新鮮なジャガイモを調理するからこその美味しさだし、マヨネーズもドレッシングもソースも、もちろんカレーもすべてオリジナルの手作りである。

五十川も顯慈のそんなこだわりに呼応して、仕込みや料理をする。

山小屋のランチタイムは午前十一時から午後二時の間。基本的にはその前に仕込みを終わらせ、もう一度、小休止をしてから昼の接客に入るのが理想だが、ランチタイムぎりぎりまでかかってしまうこともある。

昼食の仕込みと同時に、夕食の仕込みをすることも珍しくないと五十川はいう。

「とにかくうちは同時進行が多いんです。頭の中にちゃんとスケジュールが入ってないと、それができないから、やっぱり現場に馴れたぼくや顯慈くんの仕事になってしまうんですね」

午後二時を過ぎると、また休憩時間となるが、顯慈や五十川はその間に翌朝に出発する客のお弁当となるおにぎりを握り始める。そのためのご飯はランチタイムに炊いておく。

その間、スタッフにはなるべく休憩がとれるように顯慈はとりはからっている。ただし、多忙なときは当然、スタッフたちにも手を貸してもらうことになる。

顯慈はいう。

「おにぎりを握るときも自己流でいいんです。ただし、出来不出来にはこだわりますし、効率ということに関して厳格です。たとえば椅子に座って握ったら楽かもしれない。もしそれで効率が良ければいいよ。でも、立って握ってみたらどう？　ってやらせてみるんです。とくに若いスタッフたちは、日頃からおにぎりを握ったことなんかないし、握り方も知らないから、よく途惑《とまど》ってますね。でも、失敗したっていいから、とにかくやらせてみる。で、俺が握るのと君が握るのと、どこがどう違う？　って食べさせてみるんです。これぐらいの力で握ったら崩れないよとかってアドバイスをして、何度もやっていくうちに、だんだんと覚えていきます。そうして上手になったら誉めてあげます。ダメなときはちゃんとダメ出しして、上手くなったらその努力を素直に認めてあげるのが大事だと思うんですね」

広河原山荘の厨房には、調理器具は意外に少ないそうだ。それも皮むき器のような便利なものはほとんどない。その代わり包丁の使い方をちゃんとレクチャーする。山小屋だけではなく、仕事を終えて家に帰ったときも、あるいは他の職場で働くようになっても、そこで役に立つように学んでもらうというのが顯慈のやり方だ。

「包丁だって、初めて持つって者が意外に多いんです。怪我をすることもあるけど、それでもとにかく切ってもらいます。包丁は縦に押し込むだけじゃ切れないんだ。引きと押しがあるんだよってていねいに教えてあげます。だいたい一カ月か二カ月で刃物の使い方にも馴れてくれますね」

ベテランである顯慈にも失敗はあるという。

そうした経験をスタッフたちに素直に伝える。

「ほら、自分だってこうなんだ。理屈がわかっていたって、失敗することはあるんだ。だから、失敗したという結果だけでは決して怒ったりしない。でも、たとえばタマゴを落としてしまうと、そのぶんお金を無駄にしているということは、きちんと理解してもらうようにしています」

盛りつけの量や配分もスタッフたちは最初はわからない。

顯慈や五十川の仕事を見ながら覚えてもらうしかない。

「これって、おかずの量が少ないですか？　って訊いてきたら、自分でそう思ったら足せばいいじゃないってアドバイスしてます。最初からすべてを教えるんじゃなく、まずやってみてって。最終的に、自分自身で判断できるようになればいいんですから」

ただし、自分たちがミスをしたことを隠すことだけは許さない。きちんとそのことを報告し、いったいどうしたらそれを修正できるか。今後、同じことが起きないようにするにはどうすればいいか。そんなことを真面目に考えてもらう。

スタッフを怒鳴ったり叱りつけたりすることは、なるべくしたくない。とにかくフレンドリーな彼らとの関係を維持したいと、顕慈は思っている。

「山小屋の仕事は笑顔が大事と思ってます。だから敢《あ》えて厳格なルールはとくに作りません。働きやすい環境を維持する。それも管理人の務めなんじゃないでしょうか。そのため、うちの職場ではみんなの笑いが絶えないんですよ」

午後四時からは本格的に夕食の準備が始まる。小屋でも最も多忙な時間帯となる。そして五時には宿泊客を食堂に案内し、食事の提供。

食堂の定員は三十五人。それ以上が宿泊する繁忙期には二回転、三回転となるが、遅い時間に山小屋にやってくる客も多く、食事の提供と宿泊の受付を同時進行でやらねばならない。とくに夏山のシーズン中などは、午後四時二十五分に最終バスが広河原に到着すると、客がまとまって宿泊の受付に並ぶことになる。

そんな混乱を解消するために、少し手順を変えたという。

「三十五席のうち、窓際の五席に食事のお客さんを案内せず、そこを空けておくんです。そこで宿泊希望のお客さんに受付の手続きをやってもらうことにしました」

そのようにして、一日でもっとも忙しいひとときが終わる。あわただしく食器を片付け、食堂の掃除をしてから、自分たちの賄《まかな》いの時間となる。

「仕事が終わればお酒もオーケイですし、みんな、ホッとひと息つける瞬間だと思いますよ」

みなさんで酌み交わす酒は美味しいでしょうねと訊ねたら、意外なことを五十川から返された。

「実は、ぼくと違って顯慈くんはまったく飲めないんです」

若い頃に格闘技をやっていたため、いかつい体軀だし、鋭い目付きの強面《こわもて》なタイプの顯慈だが、アルコールにはとんと縁がないそうだ。そういえば、筆者の周囲にも、見た目は酒豪のようでも酒が飲めないという人物が少なからずいるが、ここの管理人もそうだったとは驚きだった。

そうして食事と懇談が終わると、みんなで翌朝の食事の下準備をしてから就寝する。一日があっという間だという。


そんなふうに筆者が見た広河原山荘の管理人と従業員、スタッフたちの関係はユニークだった。

まず、ルールでガチガチに固めない。なるべく自由にさせ、むりに縛らない。みんなフランクでフレンドリーな関係。それがこの小屋の気風だという。

管理人の顯慈もチーフの五十川も、上から目線でスタッフを見たりはしない。いいところがあれば、それを伸ばしてあげたいと顯慈はいう。

「むしろ、自分の弱みみたいなところを見てもらうんです。たとえば『あー、疲れた』なんてわざということによって、スタッフたちが〝そうか、もう休んでいいんだ〟と自然と気づかせるようにします。彼らが自分からむりができないという空気を作ってやらないと、頑張りすぎて失敗をしたり、あるいは事故につながることだってあるんです」

顯慈はそういった。

「自分は得なキャラクターだと思うんですよ。無愛想でむっつりして歩いている登山者の方も、なぜか自分を見ると、すすんでしゃべりかけてくれるんです。たとえば名古屋から来られたというから、どういうルートでここまで来られたんですかなんて会話に持っていくと、問わず語りみたいにいろいろとしゃべってくれるんですね」

登山者に声をかけることによって、その人の顔を憶えておけるという意味もある。もしや遭難？　といった場合、顯慈の記憶が役立つこともある。ただし、小屋の管理人の義務として登山者たちに声をかけている、とは思われたくないと彼はいう。あくまでも顯慈自身のキャラクターとして、小屋を訪れたり、そこを起点として登山したりする人々との交流を維持していきたい。

会話はコミュニケーションの基本だと顯慈は思っている。

「たとえばなかなか食事のメニューが決まらないお客さんに、どんなものがお好みですかとこちらから訊くこともありますよ。食事を出す側にしても、ある程度なら、そんな会話の振り幅みたいなものがあってもいいんじゃないでしょうか」

「自然とか山って、そこに来る人にとっては自由のイメージがあると思うんです。現実逃避ってわけじゃないけど、そこにこそ登山の価値があるはずなんですね。登山者それぞれも山への向き方を自分で考えるべきだと思います。事前に学べる場所はいくらでもあるのに、それを知らずにただ来る人が多い。でも、そういう人たちに自分やイカさんがストレートに何かをいえば、萎縮したり、開き直ったりされるだけですからね」

今でもいくつかの山小屋に頑固な名物オヤジはいる。逆に登山者のほうもこだわりを持つあまりに頑固な連中がいた。

「社長型とでもいうんですかね、山小屋の人も登山者も、昔は何かと上から目線で人を見たり、すぐに怒鳴ったりしてたこともありました。それが今では減ってきていると思います。みんないい人になったわけじゃないんだけど、こだわりを持つ人が少なくなったというか、ちょっと寂しい気はしますけどね」

顯慈は自分のことをハイブリッドだと思っているという。

昔気質《むかしかたぎ》だった父親から山小屋を引き継いだせいもあって、山小屋の頑固オヤジや頑固な登山者の理屈もわかるし、行楽気分で山に来る人たちの気持ちもわかる。だから、今の登山者はこうだからなどということはいいたくない、と彼はいう。それを批判したり正したりするのは、雑誌や映像などのメディアの仕事のはずだから、と。

父親が小屋をやっていた時代には、〈ゴミを捨てるな〉などという禁止看板が周囲に立てられていた。しかし、顕慈の代になって、それらはすべて撤去したという。

「スタッフに自発を促すっていったけど、登山者のみなさんも同じなんです。あれをするな、これはダメって敢えて主張しない。ゴミをポイ捨てするような人には罪悪感を持ってもらいたいんですよ。なんだかんだと否定する人生は面倒くさいじゃないですか。たしかに接客業としてのストレスは昔はありましたけど、今はもうほとんどないんです。たとえば山小屋の売店コーナーで、もし何かを万引きされたとしても、気にしないことにしたんです。かりに食い逃げがあったとしても、よほど腹が減ってたんだねと笑います」

そんな柔軟な受け流しを、顕慈は山小屋の仕事を通じて学んでいった。

登山者が多くなればなるほど、いい人もいるし、それ以上に悪いことをする者も目立ってくる。それを顕慈は強くは追及しない。決して目を逸《そ》らすのではなく、彼らの所行をしっかりと見てやることで、悪事をはたらく人間が、自分でそれに気づくように持っていきたいのだという。

「広河原にある小屋ですからね。やるべきことが、顕慈くんにはちゃんと見えているんですよ」

五十川は管理人のことをそう評している。

とくに重視しているという食事に関して、麓の街にあるどんな食堂、レストランにも負けないものを提供しているという自負が塩沢顯慈にはある。もともと料理人であるからこそ、そこに対する彼のこだわりは尋常ではないと五十川はいう。

極力、地元の食材を使うことに精力を注ぐ。そのためならどんな苦労もいとわない。芦安に生まれ育ち、芦安を深く愛している。だから、地元の祭りに積極的に参加したり、地域のためなら労を惜しまず働き、協力をする。そして山小屋が閉まるオフシーズンには、地元の飲食店などで働いているそうだ。

「分別があるっていうんですかねえ。一見、人見知りのようですけど、トラブルだとか困ったことだとか、いざそんなことに関われば真剣に手をさしのべるタイプなんです。見た目はゴツいし、もちろん正義感があるから怒るときはかなり激しいけど、実はとっても優しい男だし、誰よりも心が温かいんです」

若い管理人として塩沢顯慈のいちばんの長所は何だろうかと、五十川に訊ねてみた。

「山小屋はこうあるべきだってルールはちゃんと作るけど、必要ならばどんどん変えていきます。こういうことをやったらいいんじゃないか、面白いんじゃないかって、スタッフたちから意見があれば真剣に耳を傾け、それを実践していくんです。そういう柔軟性が周囲から慕《した》われる理由じゃないんでしょうか」

なるほど、と思った。

父親とは違うやり方で山小屋をやってみたいといった顯慈。

その労が、この広河原山荘では確実に根付き始めている。

3

「どこでも着替えちゃう人がいるんですよ」

困惑した表情で切り出したのは、若い女性スタッフだった。

あーやという愛称で親しまれ、広河原山荘の女性従業員の中でも、小屋を訪れる登山者——とりわけ男性たちに人気があるという彼女は、笑顔がまぶしい山ガールだ。フェイスブックでは広河原山荘のページを担当していたこともある。

あるとき、あーやが小屋の裏にゴミを捨てに行くと、ちょうど山から下りてきたばかりと思しき男性が汗だくのTシャツを脱ぎ、上半身裸になっている。

小屋の裏だし、どうせ誰も見ていないだろうと思い込んで、そういうところで大胆に着替えを始めるのだろうが、何しろそこはスタッフたちの動線上である。とんだ鉢合わせをしてしまい、あっけにとられてあーやが立ち尽くしていると、その男性は恥じらうでもなく、こういったという。

「お気になさらずに、どうぞ通って」

半裸の中年男性から、そんなことをいわれてもうら若き乙女は困る。

あーやは怖じ怖じとしながら、彼を避けるようにして通り過ぎるしかない。帰り道は同じ場所を通れないので、わざわざ遠回りをしなければならなかった。

上半身のみならず、中にはズボンを脱いで下着を穿《は》き替える人もいるという。

「厨房とか、従業員の部屋の窓から、そこは丸見えなんですよね。そのことに気づかず、堂々とした様子で着替えをされるんです」

彼女の隣に並んで座る顯慈がいった。

本気で困った顔のあーやに比べて、顯慈がどこか可笑《おか》しげなのは、やはり男性だからだろうか。

登山者だけではなく、河原にある幕営地にテントを張る人も、おおっぴらに人前で着替えをするケースがあるという。狭苦しいテントの中でもぞもぞと着替えるよりも、思い切って外でやるほうが楽だからということだろう。

「そういうことやるのって、だいたいオジサンですね」

あーやは頬を染めながらいった。

それもなぜか決まってガタイのいい男性だという。マッチョな裸体を誰かに見てもらいたい。あるいは見られてもかまわないという気持ちでもあるのだろうか。

「でも、裸じゃなければいいってことでもないんです。最近、はやりのメッシュ素材のアンダーシャツってあるじゃないですか。あれって、自分は服を着ているつもりでしょうが、こっちからすると、実は〝丸見え〟なんですよね」

メッシュの下着はたしかに速乾性に優れていて、山行で愛用している人が多い。しかしあくまでも重ね着をすることが前提のものであって、とりわけ人前で単体で着るものではない。

「あと、スポーツタイツです!」

あーやが声高にそう主張すると、隣で顯慈が噴き出してしまった。

「それだけで前に立たれると、とっても困るんです!」

彼女の言葉を聞いて、なるほどと思った。

下半身にぴったりとフィットするタイツを愛用する登山者は少なからずいる。ただし、あれはその上にショートパンツを穿いたり、女性なら山スカートなどをまとったりするもので、それだけで着るべきものではない。最近のアスリート選手は体に密着するタイプのウェアをまとっているため、そういうものだと一般人が勘違いするのかもしれない。

　本人はまったく恥じらうでもなく、おそらくそのことに気づかぬまま、小屋のスタッフたちにそんな姿を平然とさらすという。

「ホントに困るんです」

　あーやはときおりしかめっ面になりつつ、「困る」を連発する。

「服装といえば、ジャージだけで来られる人がよくいてびっくりしますね」

　彼女がいうと、隣で顯慈が頷いた。

　ジャージはたしかに動きやすいし、そのスタイル自体に問題はないが、なぜかその出で立ちの人の多くが雨具も持っていないという。いくら軽装でも雨が降れば無事では済まないはずだ。

「小屋泊まりのお客さんはそうでもないんですけど、とりわけ小屋の前を素通りする登山者にユニークなスタイルの人がけっこういて、見てて飽きないぐらいです」

　そんな話題から始まった取材のおかげで、広河原山荘一階の食堂テーブル席は笑いに満ちていた。

一日じゅう、笑みが絶えないというこの山小屋のスタッフたち。今回はとにかく楽しく、可笑しいお話をお願いしますという、顯慈や従業員からのリクエストだった。

酒がらみの話はやはり出てくる。

ふだんほとんど飲まないという女性の客が、夕食で出されたワインを飲んで酔ってしまった。いったん部屋に戻って寝入ったはいいが、目が覚めて起きだし、自分はまだ食事をとっていないと思い込んで、二度目の夕食を食べてしまったという。

「小屋には消灯時間があるし、スタッフの目もあるから度を越して飲むような人はめったにいないんです。深酒をされるのは、たいていテント場のお客さんですね」

そういってから、ふと顯慈はあるエピソードを思い出したようだった。

先代、父親の久仙が小屋をやっていたときの話だという。

幕営指定地でソロでテント泊をしていた男性が、ひとりでしこたま飲んでいた。それが夜中になって、テントの中でうめき始めた。周囲のテントの人たちは、てっきり質《たち》の悪い酔っぱらいだと思っていたらしい。

いつまで経ってもうめき声がやむ気配はなく、それどころか声は大きくなるばかり。とうとう近くのテントの客が小屋に苦情をいいにきた。久仙はそのテントに行き、中にいた男性の様子を見て、〝酔っているのではない〟と直感した。

というのも、久仙がまだ夜叉神峠小屋の小屋番をしていたとき、ふいに腰の激痛に襲われたことがあったという。尋常ではないその痛みに、彼はすぐに小屋を出て、自分の足で下山。病院に駆け込んだ。

激痛の原因は尿管結石だった。

「親父はその人を見て、もう絶対に間違いなく結石だと思ったんです」

救急車が呼ばれ、当人は地元の病院に搬送された。やっぱり尿管結石だったそうだ。

最近は、目立って狼藉《ろうぜき》に至るような酔客はいないという。

しかし中にはだらしのない酔客もいて、自身はまったく飲まないこともあって顯慈は毅然として対処する。

「酔っ払ったお客さんって、よくテーブルや床にお酒をこぼしたり、グラスなんかを落として割ったりするでしょ。うちのお客さんはいい人たちが多いから、もう本当にすまなさそうな顔で謝ってこられるんですよね。そんなときに〝もしも悪いと思ったら、もう一杯お飲みになってはいかがでしょう?〟なんていったら、ニコニコしながら、お代わりを注文されるんです。だから、こっちもニコニコ顔になります」

しかし、度を越して飲むような客には、顯慈はきっぱりという。

「明日は山に登るんでしょ。だったら、そろそろやめたらどう？　はい、最後の一杯ね」

そうした彼のタメ口が功を奏するようだ。多くの客はそれで飲むのをやめて部屋に戻っていく。

「そういうのって女性スタッフがいったほうが良かったりもするんです。もちろんスタッフには個人差があって、接客に向いている人と、そうでない人がいます。でも、お客さんとあれこれしゃべったり、親交を深めたりする話題を交わすことも、山小屋の仕事のうちだよっていってます」

山小屋のような施設では、忘れ物が当然のように多発する。

中でも多いのが帽子とストックだそうだ。山を下りてホッと安心したものだから、そこから意識がそれてしまうらしい。

あとになって、忘れた本人から電話がかかってくることもあるそうだが、自分でどんな帽子をかぶっていたとか、どこのメーカーのどういったストックを使っていたのかわかっていない人がいるという。

「登山用品というツールにあまりこだわりがないのかもしれませんが、何しろ忘れ物は他にも大量にあるから、せめて色だとか特徴なんかをいってもらわないと特定できないんですよね」

意外に多い忘れ物が、カギだそうだ。車のカギや家のカギ、中にはコインロッカーのカギもあった。眼鏡を忘れていく人も案外といて、どうして気づかないのか理解に苦しむと顯慈は笑う。

「夜中、小屋をちょっと出られたお客さんが戻ってこられなくなるケースも、何故かけっこうあります」

帰り道を見失って遭難しそうになるという。ガスに巻かれているわけではないし、小屋から五十メートルと離れていないのにどうしてなのか。

「ここの小屋周りって、アップダウンがあるし、すぐ傍《そば》は森だし、作り的にふつうの場所とは違うから、ふっと迷ってしまうらしいんです」

登山者の多くは街からやってくる。ふだん街灯が煌々と点《とも》って闇が払拭された都会に暮らしていると、夜は真っ暗なものだという概念が消えてしまうのだろう。そんな先入観ゆえ、きっとこっちが小屋に違いないと思い、まったく別の方角に向かってしまう。

勘違いといえば、道迷い遭難の理屈と同じことが、山小屋の周辺で起こるという。また笑える話があった。

「広河原でバーベキューをしたいんだけど、道具のレンタルはできるのか、毛布の貸し出しはやっているのかなどと電話をかけてきたお客さんがいらっしゃいました」

そういってあーやが噴き出しそうになった。

「まあ、国立公園内で禁止されているのは焚火ぐらいですから、バーベキューをされるぐらいならかまわないんですが、うちは山小屋ですから道具の貸し出しなどはやっていませんっていったのに、どういうわけか、次の日に家族で食材を持って来ちゃったんですね」

むろん山小屋にはバーベキューセットのストックなんかないから、その家族は何もずに帰るしかなかった。

「ところが、あわてて戻られたせいか、荷物の忘れ物があって、食材がその中にいっぱいあって困ってしまいました。おそらくオートキャンプ場と思い込んだんでしょうね。今でもたまに同様の問い合わせの電話がかかってくるんですよ」

広河原に至る南アルプス林道にはマイカー規制がかかっている。

山小屋関係や工事関係などの許可証を持った車、あるいは山梨交通のバスか、地元の業者が運営する乗合タクシーぐらいしか入れない。もちろん一般人の自転車の乗り入れは禁止されている。

「ところがロードバイクとか、小型軽量のモトクロスのオートバイなんかで入ってくる人がたまにいるんです」

多くの場合は外国人だという。夜叉神峠のゲート番がいないときなど、それらを持ち上げてバーを乗り越え、林道を走ってくるようだ。それを見て顯慈は注意をするが、言葉が通じないこともあって、なかなか説得は難しい。

「よく二、三人で林道に入ってきます。注意してもなかなか聞いてくれないんです。ほとんどがわかっててやってる確信犯なんですよ。でも、そんなときにこっちが感情的になってはダメなんです。あなた、知ってて入ってきたでしょ？　そういうのはよくないよって穏やかにいってあげると、すみませんって謝ってきます」

山小屋を経営し、あるいは働いていると、宿泊客が原因で顯慈やスタッフたちがストレスを被ることもある。

「でも、お客さんによるストレスって、われわれがどうこうするってことじゃなくて、けっきょくお客さんでしか解消されないと思うんですよ」

若者、とりわけ学生たちの話には笑えるエピソードが多いそうだ。

ある大学のワンダーフォーゲル部の男子が大勢――それも二十名以上、野呂川の河川敷で素っ裸になって騒いでいたことがあるという。

「さすがに叱りました」と、顯慈はいう。

「不思議なことに河川敷で浮かれて騒いでいると、小屋から見られているとか、橋から見下ろされているとかいう感覚がなくなってしまうらしいんです。やけにうるさいなあと思って行ってみたら、みんな素っ裸だったので怒鳴りましたよ。その場に一列に並ばせて説教です」

中高年でマナーがなっていない登山者は多いが、若者もいったん羽目を外せばとことんである。

「よく、ワンゲルとか山岳部の学生たちが、下界から持ち込んだゴミを平気で捨てていくんです。ゴミ箱はありますかとか、このゴミを捨ててもらえますかなんていってきます。そんなとき、山小屋はゴミ捨て場じゃないんだよっていってあげます。君たちはそういうことを先輩から教わらなかったの？　って。今回はもらってあげるけど、次からは絶対にやめなさいっていったら、ほとんどが素直に聞いてくれます」

あるとき、複数の大学の山岳部の学生たちが、北岳、仙丈《せんじょう》ヶ岳《たけ》、鳳凰三山《ほうおうさんざん》など周辺にあるいくつかの山に登ったのち、日取りを合わせて全員で広河原に集合していた。

「五十人ぐらいいたでしょうか。とにかく凄い人数でした。その人たちが小屋の前のベンチとかにいっせいにザックを乱暴に置いたりして、全員で川に下りて遊んでいたんです。何しろ、人数が人数ですから、小屋の前に大量のザックやストックが無秩序に転がってるんですね。そのせいで小屋に来られるお客さんや登山道を行き来する人たちの邪魔になってる。川に下りていって、そこで遊ぶのはいいけど、荷物をちゃんと整理してからにしなさいっていったのに、ろくに聞きもしないで相変わらず騒いでるわけです。それでこっちも怒って、〝お前ら、どこの大学だ？〟って訊いたら、M大とかK大とか、いっぱしの名門校ばかりなんで驚きました」

この話には続きがある。

翌年。まったく同じように大人数の学生登山のメンバーたちがやってきて、広河原山荘前で合流したという。今度は前年とはうって変わって、通行人や小屋の利用者たちの邪魔にならないようにきちんと荷物を整理して、みんなで川に下りていったらしい。

「同じように〝君たち、どこの大学？〟って訊ねてみたら、全員が去年、ここで騒いでいた連中の後輩たちだったんですよ。山小屋前に荷物を下ろしてデポするときはきちんとしろって、先輩たちからきつく指導があったっていうんです」

つまりあのときの顯慈の説教が功を奏して、それが彼らの後輩たちにまで伝わっていたということだろう。

「羽目を外す若い子たちは、やはり叱ってあげなきゃいけないって思いました」

そういって顯慈はまるで親のような表情で笑みを浮かべた。

山小屋のスタッフのみなさんに関して、面白いエピソードはありますかと訊ねてみた。

すると顯慈がニヤッと笑った。

「たまにありますねえ。カレー鍋を焦《こ》がしちゃった事件とか」

それってよくある話ですよね。うちだって昔はしょっちゅうでした。うかつに目を離したら、やっちゃいますし——そういうと、そもそも原因が違うのだと顯慈は首を振った。

「あるスタッフの子に、カレーの鍋が焦げてしまうから、しっかり見ておいてくれって頼んだんです。そしたら、その子はどういうわけか、カレー鍋が焦げるところをじっくりと〝見ていた〟んですよね」

依頼の意図を理解せずに、言葉を素直に受け取ってしまったためなのだろう。

「ソーセージを買ってきてって、別の若いスタッフにいったら、魚肉ソーセージを買ってきたことがあります。ソーセージっていったら、ふつうはお肉でしょ？　って。でも、まさに言葉というのは案外と相手に通じにくいものだから、お客さん相手に何かをいうときも、言葉を選ばなきゃいけないって思うようになりました」

若いスタッフだけではなく、ベテランだって勘違いをしてしまう。

古参のスタッフ、五十川仁のことだ。

「ある日、遅くなってから、白鳳峠で疲労して動けなくなった男性から救助要請が入ったんです」

白鳳峠といえば、顕慈が父の久仙に連れられて初めて救助に向かった場所。けっこう難所続きで遭難が多発するポイントである。

「その頃、イカさんは北岳山荘のスタッフをやっていて、久しぶりに広河原まで下りてきたって日でした。こっちは多忙だったし、ちょうどイカさんが来てるってんで、ひとりで現場に向かってもらったんですよ。昏《くら》くなった林道を、車を走らせてすっ飛んでいったようです」

ところがしばらく経っても、その五十川から要救助者発見の連絡が入らない。

おかしいなと思いつつ、そのうちに顕慈の手が空いたので現場に行ってみることにした。

「いくら登ってもイカさんと合流できないんですよ。そうしているうちに、登山道の傍で座り込んでいる男性を見つけて、要救助者だとわかりました。あれ、イカさんはどこだ？　と思ってたら、ちょうど本人から電話がかかってきましてね」

「どこにいるの？　って訊いてみたら、登り口を間違えたみたいだっていうんです」

つまり、白鳳峠ではなく、その向こうにある広河原峠を登っていたという。

——ごめーん。なんか違うって思いながら、広河原峠を登ってきちゃった。今、ダッシュで駆け下りて引き返してるよー！

電話から、素《す》っ頓狂《とんきょう》な声が聞こえてきた。

「まさにイカさんらしいドジだなあと思いました」

いったん林道まで下りた五十川は、ふたたび白鳳峠のルートを登り返し、ようやく顕慈と要救助者に合流できたという。

顕慈が本人を補助しながら、五十川は要救助者の荷物を背負って林道まで下りてきたそうだ。

あとで五十川本人に筆者が訊ねると、恥ずかしげに笑いながらいった。

「だって、当時は白鳳峠の登り口に金網が張ってあったんですよ。土砂崩れ防止のための工事だったらしいんですけど、登山口ギリギリのところまで金網で覆われていたし、道標はあったことはあったんですけど、そこだけ金網をくりぬいてあって、目に入らなかったんですね。そもそも、しばらく上の小屋（北岳山荘）にいて、そんなことぜんぜん知らなかったし、もう真っ暗だったから、車でそのまま行き過ぎちゃったんです」

照れくさそうに笑う五十川だった。

筆者も取材される側も、笑ったり大受けしたりしながら取材を進めていると、最後の最後にあーやがこういった。

「でも、いちばん笑えるのは顯慈さんのことじゃないですか？」

すると本人がそのことに気づいたらしく、少し照れたような表情でこういった。

「実は……自分、山小屋アレルギーなんです」

聞いたことのない言葉に、キイボードを打つ筆者の手が止まった。

「え？」

「ほら。部屋の埃《ほこり》とか、ハウスダストっていうんですか。あれでてきめんにクシャミが出はじめて止まらなくなるんですよ。だから、たまに他の山に行って、そこの小屋に泊まると、もうダメです。マスクだけじゃ足りなくて、鼻にティッシュを詰めることまでやって寝てます」

さすがにこれには意表を突かれた。

だったら、顯慈本人はこの広河原山荘ではどうやって生活しているのだろうか。

「部屋の掃除とかは極力、スタッフに任せてます。客室に入ることはあっても、けっして布団などに手を触れないようにしてますね。前に一度、表の人工芝を洗っただけで、半日も鼻水が止まらなかったぐらいです」

そのあとも、しばらくみんなの笑いが続いていた。

山小屋の管理人が実は山小屋アレルギーとは、これまた何という最後のオチだろうか。

4

「山小屋は天候に左右されるということを、身に染みて感じた年でした」

二〇一八年を振り返って、顯慈はそういった。

この年は自然災害が多かった。七月の豪雨、そして幾たびも襲ってきた大型台風。とりわけ登山のハイシーズンである夏場に全国各地で大きな被害があり、行楽に打撃を与えた。予約のキャンセルも多かったという。

北岳の山小屋のみならず全国的にそうだった。

自然を相手にする登山は、その自然の影響を大きく受ける。登山者も、山小屋も。

春や秋は気象条件などから体力のある若者が目立ち、七月、八月という夏場は比較的高齢の登山者が多い。そして山小屋にやってくる人たちの数も、その二カ月がピークだ。そんな時期に天災ともいえる大きな自然災害がくり返しあったのだから、山小屋としては大打撃だっただろう。

「いくら不入りだとはいっても、お客さんの数はなかなか読めないのでスタッフたちにはいてもらわないといけません。でも、いつもより早く帰ってもらったり、みんなの休みが少し増えたことはたしかです」

仕事の合間を縫って山にやってきたり、余裕を持たずに登山をする人が目立ってきた。けれども、山の中腹とか上のほうではなく、あくまでも登山道入り口にある小屋だからこそ、そうした余裕のない登山の在り方を変えてあげられる。逆に彼らに合わせてあげることもできる。そこが利点だという。

「うちは野呂川広河原インフォメーションセンターとも併用しているから、情報発信基地としてアドバイスができますし、登山者それぞれの細かな事情に合わせてケースバイケースで対応できるわけです」

今回のインタビューは、広河原山荘がこの年の営業を終了し、小屋仕舞いをした直後だった。

ひとシーズンの仕事を終えて、どこかさっぱりした表情の顯慈。それでも、ひとつひとつ言葉を選ぶように考えながら応えてくれる様子はいかにも彼らしい。

「時代の流れみたいなものがあって、登山の傾向がどんどん変わっていると思うんです。山小屋もそのことを把握して、しっかりと対応していかなきゃいけないんですね。よく山の常識なんていうけど、常識なんてものはその年によってどんどん違ってくるんです。たとえば二十年前、GPSなんて持って山に来る人はいなかった。これからは登山地図を持たずに山に登る人が増えてくるでしょうね」

それがいいとか悪いとかという区別ではないのだと顯慈はいう。

「たとえば百人の登山者がいて、そのうち九十人が地図を持っていなかったら、それはもうすでに非常識なんかじゃないと思うんです。つまり時代が変わったということなんですね。そういうときは、地図を持っていませんという登山者に、〝だったらこういうアプリを入れてきてください〟っていえるのが山小屋としての指導じゃないかな」

かたくなにルールを決めて押し付けず、変化に即応していくことが大切だと彼はいう。

登山という行為に観客も審判もいない。主体はあくまでも登山者本人である。山小屋は自分から登山者を呼び込むことはしない。あくまでも受け入れて、サポーターとして対応するだけ。だから登山者の自己責任という基本は絶対に変わることがない。

「昔はたとえば登山部の指導の先生とか先輩、山岳会の先達《せんだつ》たちが山のことなどを教えたんです。ところが登山というものがメジャーになって庶民化した結果、そういうことがだんだんと少なくなって、今は何でも自分が調べて情報を取捨選択する時代なんです。だから、経験者の話よりも雑誌とかインターネットとかの情報源に頼るようになりました。それがすべて悪いわけじゃないんだけど、そうした情報っていうのはあくまでも一方通行なんですね」

楽しそうだからやるという入り口としての雑誌やインターネットはいいと顯慈は思っている。ただし登山はただ山を登るという単純なものではない。経験や体力、向き不向きもある。ピークハントが目的の人がいれば、高山植物の花を撮影したいから来るという人もいる。

そんなふうに人それぞれが違うはずなのに、情報の発信者は受け手に対する対応ができない。その結果、雑誌やネットに書いてあるコースを鵜呑《うの》みにして無理をすることになったり、せっかく楽しいはずの登山が難行苦行みたいになってしまう。悪くすれば事故につながることもある。

「われわれは登山者のスキルを見た目とか会話などで判断するんです。たとえば広河原から二俣《ふたまた》まで二時間か二時間半ぐらいで行けたら大丈夫です。それ以上かかるようだったら、無理しないでこちらのコースがいいんじゃないですかとかってアドバイスをさしあげることが山小屋の務めだと思うんですね」

事故を起こすなとはいえない。

山小屋の管理人だからといって、あれこれしてほしくないとか、何かをしないでほしいとか登山者に向かっていう権利はない。そうではなく、当人に最低限のルールがあればそれでいい。それがわからないから遭難を引き起こしてしまう。

最近は登山計画書を出さないというか、その存在も知らない登山者が増えてきたそうだ。

本来、登山に出掛ける前に地元の警察署あてに計画書を出すのが理想だと顯慈はいう。あるいは所属している山岳会に出せば、それは事務局を通じて警察に届く。

今は現地にポストが置いてある。それは出さない人が増えてしまったから、仕方なく登山道の入り口などに置くようになったのだという。

「たしかにルールに縛られない自由が登山の楽しさだとは思います。けれども、その代わり自由にはリスクがつきものだよということなんです。そのことが浸透していないとかいうんじゃなく、もともとあったことが、だんだんと忘れられているような気がするんです。もちろんさっきいったみたいに時代の変化とともに常識は変わっていくし、広河原山荘としてはそうしたことに対応していくつもりです。でも、けっきょく最後は自己責任だよっていいたいんです」

今はまさに山小屋の世代交代の時期らしい。

南アルプスや八ヶ《や》《つ》岳《たけ》のみならず、あちらこちらの山小屋の管理人、小屋番たちが六十代、七十代となり、体力の衰えを感じたりして引退する人が増え、中には亡くなった人もいる。そして若い管理人、小屋番が増えてきている。そうなると必然的にサービスや営業形態が変わってくる。むろん広河原山荘も先代の久仙から受け継いだ顯慈が、その在り方を変えていったことは、ここで何度も書いたとおりだ。

「山小屋の経営者には歴史や伝統を守らねばっていう人もいるし、自分みたいにどんどん変えたいって人もいるんです。登山者だって同じで、頑固親父みたいな小屋番のほうがいいっていう声もあるし、時代にマッチしてサービス重視みたいな近代的な山小屋のほうがいいっていう声もあります。もちろん自分たちを育ててくれるのはお客さんだと思っていますから、われわれはそのニーズに応えられるかどうかが試されているはずなんです。だから、山小屋が変わっていくことが寂しいって気持ちはわかりますけど、そうやって変わっていくことに楽しみを見つけてもらいたいなあっていう期待もあるんです」

山小屋を引き継いでからの十二年をあらためて振り返っていかがでしたか?

顯慈は少し考えてからいった。

「最初の何年かは試行錯誤の連続でした」

無我夢中でやってきたという。

とにかく先代だった父親とは違うことをしたかった。ということは、やることがいっぱい増えていた。スタッフたちからどう思われていたかはわからないが、それまでも目をつぶって無視してきたことも、やっぱりやらなきゃいけない。そのことにいやでも気づかされた。

「でも、自分の周りには助けてくれる人が大勢いましたから」

ベテランスタッフの五十川仁や女性スタッフのあーや。それに他の若いスタッフたち。自分ができないぶん、彼らのサポートが必要だった。また、顕慈自身も彼らからいろいろなことを学び、吸収していった。

父親のあとを継いで芦安ファンクラブの会長となった清水准一《しみずじゅんいち》氏にはとりわけ恩義を感じている。

「よくやったって会長から褒められたことは一度もないんです。もしかしたら、これから先も一生、いってもらえないかもしれない。でも、いわれなくても思ってるなって伝わるんです。足しげく小屋に通ってきたり、鳥などの写真を置いていってくれたり、打ち上げにも積極的に参加してくれたりしてますし、自分にできないようなことで、若いスタッフに指導してくれたりするんですね」

正直いって、今でもそれほどの自信はないと顕慈はいう。だから、相変わらず周囲に助けられているし、他人との協調で困難を乗り越えていける。

「もちろん周りの意見は積極的に汲《く》みますけど、だからといって妥協とか媚《こ》びたりするのは嫌なんです。自分ひとりの考えや行動だとどうしても偏ってしまうから、何かあればみんなに相談します。スタッフにもいろいろいて、ただ〝はい〟って返事をする人がいれば、〝いや、こうこうしたらどうですか？〟ってアドバイスしてくる人もいます。そんなやり取りの中で、〝あ、こんな発想は確かになかったな〟ってひらめくことがよくあるんです」

そんなふうにサポートしてくれる人たちに支えられながら、ずっとやってきた。今は小屋と登山者のみならず、地域との連携や協調を強く意識するようになったという。

「遠くに行ってた同級生が、この前、芦安に帰ってきたんです。父親が亡くなって民宿を継ぐためだったんですが、彼のところとうまく相互のやり取りができたらいいなと考えています。お客さんがいっぱいになったとき、じゃあ、こっちで受け入れるよなんていい合ったり。そんなふうに山と麓がうまくつながっていけば理想的ですよね」

顯慈は自分が生まれ育った芦安を愛している。

芦安の住民の多くは老若男女問わず地元が好きで、それぞれがいろんなかたちで地域貢献している。だから顯慈もその良さを広く発信していきたいと思っている。

「だって広河原だってやっぱり芦安の一部なんだから、そこで地域の中にある山小屋というスタンスを考えるんです。芦安から南アルプス市へ、さらに全国へとつなげていけたら素晴らしいと思いますよ」

これから先、未来への展望についてお聞きしたいのですが？

「これまでいってきたように、時代の変遷があって、いろんなことが変わっていくと思うんです。それとともに自分も、スタッフも変わっていかなければならない。柔軟に対応するってことは、つまり成長するっていうことなんです。それは山小屋の成長だけじゃなくて、ひいては登山業界の成長につながるんじゃないかと思うんです」

登山の在り方が変わっていく。外国人が増えてきたり、技術の革新もあるだろう。そうしたことに逐一、対処できなければならない。山小屋は登山の最前線にある職場だし、しかも人を相手にする仕事なのだ。

顯慈ができないことがあれば、周囲のスタッフがサポートし、スタッフたちができないことを顯慈がやる。そういう助け合っていくスタイルが広河原山荘にはいちばんふさわしい。

そこまで頑張って疲れませんか？

「そりゃ、疲れますよ。だけど人間って、たまにさぼりたくなるじゃないですか」

そういって顯慈は笑った。

無理をしてどこかに支障が出るよりも、さぼりたいときはさぼる。そのぶん一生懸命、仕事をする。それが広河原山荘流のやり方。

「だからうちの小屋はみんな、笑顔が絶えないんです。それは登山者もいっしょです。自分たちが笑顔だからあちらも笑ってくださる。たとえば天候不順で登頂をあきらめ、下りてきた人が〝また来ますよ〟って笑顔でいってくださったら、こんなに嬉しいことはないです」

新しいことといえば、顯慈は近年になって狩猟免許を取った。

それは趣味としてのハンティングではなく、やはり元が料理人であるということから、食に対するこだわりの結果なのだという。

「ジビエ料理をやってみたいとか、たんにそれだけのことじゃないんです。山にいればシカなどによる食害がいやってほど見えてくるし、その深刻さがわかります」

狩猟による個体数調整が必要だとよくいわれる。

明治期、ニホンオオカミやエゾオオカミの絶滅があって、以来、国内の野山におけるシカやイノシシの個体数が増え、田畑や山林の被害がだんだんと拡大していった。

もちろん獣たちが増えたのはそれだけの結果ではないが、トッププレデターと呼ばれる食物連鎖の頂点がいなくなった代わりを担《にな》っていたのが猟師たちであったことは否めない。しかしいま、狩猟者人口は年々減少の一途をたどり、なおかつ高齢化している。若い人たちが狩猟に目を向け始めたといっても、まだまだ不足を補えるには至らない。

その問題を考え、食料の確保というテーマを突き詰めていった結果、顯慈は自分の思いが狩猟者になることに至ったのだという。

たしかに狩猟シーズンは山小屋の営業が終わる十一月から、翌年の春までだから、彼にとっては都合がいい。

なるほど、そうやって得た獲物を、ゆくゆくは山小屋で料理のバリエーションとして出すようになるんですねと訊いてみたら、顯慈はやや渋い顔で首を振った。

「実はそこが難しいんです」

食品衛生法の問題があるのだという。

「狩猟者が獲得した肉を、本人や家族、仲間内で食べるのは問題ないんですが、それが食品として一般に売られたり、店に出されるとなると別の話なんです」

狩猟した獣の肉を食品として扱うには食肉処理業と販売業の許可が必要となる。燻製、あるいハムやソーセージにするにも製造業の許可がいる。つまり狩猟者が自分が得た獲物を保健所に認可された施設以外でさばいたり、販売するとそれは食品衛生法違反となる。

しかもそうした施設は今のところ、南アルプス市にないのだという。

「だから狩猟でとってきた肉を、現段階でうちの小屋で出すことはできません。いずれ近場に施設ができたりするかもしれませんが、まだ先のことだと思います」

それでも狩猟免許を獲得して毎シーズン、猟をされるわけですね？

顯慈は頷き、いった。

「自分が狩猟をすることによって、周りの（若い）人たちが刺激されて同じ世界に入ってくれるかもしれないじゃないですか。実はそこに期待しているんです。だってこの文化は絶やしてはいけないと思いますからね」

ちなみにいま、彼が所属している地元猟友会で四十代以下の若い猟師はふたりだけだという。

広河原山荘という山小屋は、先代である塩沢久仙の存在が大きかった。たんに管理人であるだけではなく、山を知り尽くした人間だった。

必要なものを経験則から見出し、積極的に実現していく姿勢。たとえば北岳での遭難者や高山病患者の多さに医療の必要性を感じ、北岳山荘に昭和大学医学部の診療所を開設したり、広河原を文化の発信源にするべく『谷間のコンサート』という定期演奏会を立ち上げたり、旧芦安村に総合的な文化施設を作るべく奔走し、やがてそれが南アルプス芦安山岳館の建設につながった。

また、キタダケソウの積極的な保護に取り組み、大樺沢《おおかんばさわ》のバイオトイレの設立にかかわり、南アルプス一帯での山岳救助を目的とする『大久保基金』の設立に携わった。多くの人たちが、彼は凄い人だったといった。信頼も篤《あつ》かった。

そんな偉大な父親の存在を受けつつ、次世代の管理人として山小屋を任された息子、顯慈にとって、この役割は重く、苦しかったに違いない。しかし、それでもあえて父とは違うことをやりたい。自分の独自性を出して、それを売りにしていきたいと奮闘する顯慈の姿に、亡き父も喜んでいるのではないだろうか。

広河原山荘はリニューアルする。

今の場所の小屋は取り壊され、川を挟んだ反対側——野呂川広河原インフォメーションセンターの近くに新しく建てられている。

二〇二二年六月から運営がスタートする予定である。

情報発信が主な役どころであるインフォメーションセンターはともかく、この新しい山荘は山小屋としての機能を維持しながら、さらに売店、食堂として拡大していく可能性があるという。

「というのも、それまで北沢峠方面に行かれるお客さんが、わざわざ野呂川にかかる吊り橋を渡って小屋まで来られることはあんまりなかったんですけど、今度は同じ側に作られるわけですから、当然のように利用客は増えると思うんです。キャパを増やすということは、それだけ仕事の範囲が広がるということですね」

しかしそれでもクオリティを下げずに、これからもいろんなことにチャレンジしていくと顯慈は張り切る。

「登山がメジャーになればなるほど、それだけ窓口がどんどん広がっていく余地があるはずです。だから、けっして妥協を選ばず、いろんなチャンスを逃さないようにしたいですね」

未来に向けられた確かな視線。

それを広河原山荘管理人である塩沢顯慈の眼の中にはっきりと感じた。

文庫版追記

——あれから二年。広河原山荘は新しく生まれ変わった。

それまでの旧山荘とは別の場所——野呂川を挟んだ対岸、野呂川広河原インフォメーションセンターに隣接する位置に、山荘は新しく建築された。あらためて南アルプス市からの指定管理を受けたのは、山梨県民の足として〝山交〟と呼ばれ、親しまれている山梨交通株式会社である。

営業再開は二〇二二年六月。このたび二〇二三年度からは、次の管理人を迎え、新体制でスタートすることになっている。

リニューアルされた広河原山荘は鉄筋コンクリート造りの三階建て。たしかに山荘と名がつくが、ほとんどホテルといってもいい。

延べ床面積は二六七・五坪。木造りの外観はノッチが組まれたログハウス風デザインとなっていて、コンクリート建築独特の物々しさはない。コンクリ打ちっぱなしの内装はまるで美術館のような感じだが、要所要所に使われる白木の材が温かみのあるアクセントとなっている。

一階ロビーにはペレット・ストーブが鎮座し、ソファが向かい合わせに置いてある。ロビーの奥は四人がけのテーブルが並ぶ食堂。屋外に野呂川を見下ろすテラス席もあり、食事は、宿泊者限定メニューの厚切り桃源ポークのシャリアピンソースや、さらにグランドメニューとして、同じ桃源ポークを使ったカツカレーがあり、山梨名物の鳥もつ煮や麺類など、地元の食材を使った料理が注文できる。季節のジェラートや地酒、ワイン、生ビールなどのアルコールも人気だ。

二階の板張りの廊下の左右に並ぶのは、宿泊者が使う大部屋と個室扱いの四人部屋。三階通路にも大部屋と個室扱いの小部屋がある。室内には梯子《はしご》がついた二段ベッドがあり、ここにもコンクリの壁と調和するように、ほどよくヒノキ材が使われ、かすかに木の香りがする。照明の多くは間接照明で、部屋を照らす光は柔らかい。各部屋にはきちんときれいにたたまれた布団、清潔なシーツが整然と並ぶ。

二階にはタイル張りの浴室が男女に分かれて作られ、一度に数人が入れる広さ。また、屋外には登山者が使える有料シャワー室も完備されている。山小屋によくある発電機ではなく、商用電源が引かれた広河原というロケーションだからこその設備である。

三階の個室のひとつに、サッシの窓越しに野呂川が見下ろせる柔らかなソファがあった。

そこに座ると、ちょうど真正面に北岳が望める。

夜明け前、ここから窓外を見ると、ご来光を仰ぐために頂稜をたどる登山者たちのヘッドランプの光の列が見えることがあるそうだ。

もともと広河原山荘は登山や観光客のみならず釣り人の定宿としても人気がある。傍らを流れる清流は野呂川。稀少なヤマトイワナが棲息する場所として人気のスポットである。

二〇二三年度はサイクル・イベントや、ガイド・ツアーがオプションになった「星を見る会」などの企画も行われるというから、いろいろと楽しみに期待が膨らむ。北岳という山を楽しむ人たちにとって、新しい広河原山荘は最高の舞台となるだろう。

北岳山荘

北岳山荘ＤＡＴＡ

標高２９００ｍ。北岳と間ノ岳の鞍部に建つ。北岳山頂から約１時間。収容人数80人（新型コロナ感染拡大防止のため削減中）。６月中旬～11月上旬営業。問合せ先☎０５５－２８２－６２９４

1

今ではすっかり廃路となり、地図上から消滅してしまっているが、昭和の初め頃、夜叉神峠《やしゃじんとうげ》方面から北岳《きただけ》に登るメインの登山道は北沢《きたざわ》ルートと呼ばれていた。

芦安《あしやす》から夜叉神峠を越えて野呂《のろ》川に下り、対岸を登り返し、そこからまっすぐ荒《あら》川本谷の流れに沿って真西へ進む。途中の分岐から北沢をたどりながら、北岳と間《あい》ノ岳《だけ》を結ぶ稜線を目指して登る。

その途中に、小さな山小屋がぽつんと存在していた。

一九二九年に山梨県が建設したその小屋は北岳小屋と呼ばれ、石積みの壁で造られたところに屋根が載せられただけの粗末な建物だった。当時はそこまで資材を上げる技術がなかったためらしい。場所は標高二千七百メートル付近、稜線から約二百メートル下ったところにあったが、おそらく尾根に登るときの最後の水場がそこに存在していたからだろうと推測される。

もともとは営林局の資源調査のために造られたものだったといわれるが、登山者たちの北岳へのルートの途上にあって格好の宿泊拠点となっていたようだ。

当時、多くの登山者は韮崎《にらさき》駅で下車し、芦安の集落で一泊。食料などの買い出しをしてから、現地ガイドを雇ったという。

夜叉神までの林道もまだなかったから、主に芦安の山びとたちが木炭を作るための山道を登山者も利用していた。もちろん南アルプス林道が開通するのはずっと先のことだ。北岳へのもうひとつの起点である広河原《ひろがわら》方面に行くには、夜叉神峠付近から北に向かって五葉《ごよう》尾根をたどるか、西に向かい、カレイ沢が野呂川に合流する辺りの鮎《あゆ》差《さし》と呼ばれる場所から、川沿いに遡《さかのぼ》っていくしかない。だから、荒川本谷を遡るこの道は必然的にメインルートになっていった。

ところが戦後、登山人口がだんだんと増えていくと、その小さな小屋では登山者を収容しきれなくなった。

そこで一九六三年六月、北岳頂稜と間ノ岳を結ぶ稜線《りようせん》上に北岳稜線小屋と呼ばれる山小屋が山梨県によって建設される。

山小屋といっても、それは鉄筋プレハブ構造の建物だった。登山ブームがさらに広まるとともに、最盛期はあふれんばかりの人が寝泊まりするようになったというが、三千メートル近い場所にあって厳しい雨風や寒さをしのぐには、プレハブではやはり相当の無理があったようだ。

一九七六年、山梨県に山岳レインジャー制度（現在は山梨県山岳連盟が受託）が発足した。公募によって全国から集まってきた、山の技術と知識に長《た》けたえりすぐりのメンバーが南アルプスを踏破して、登山道や環境を調査し、まとめた報告をその年の秋に県に上げた。

彼らのレポートによれば、北岳頂稜南側の稜線は白峰三山《しらねさんざん》の縦走路でもあり、山行の要《かなめ》となるべきルートである。そこには本格的な小屋が必要であり、その建設は急務であるというものだった。それを受け、当時の田邉國男《たなべくにお》山梨県知事の鶴の一声で始動。翌年、七七年の春から本格的な山小屋の建設がスタートした。

それが今の山梨県北岳山荘である。

総工費一億八千万円。鉄骨二階建て、百五十名を収容できる、当時としては近代的な山小屋であった。

建設にあたり、外観デザインは黒川紀章《くろかわきしょう》設計事務所が請け負った。

黒川紀章といえば、「かの」とか「あの」などという表現がつくほど、世界的に有名な建築デザイナーであり、内外の著名な建築のみならず都市計画や都市構想でも辣《らっ》腕《わん》を振るったことで知られている。またその一方で保守派の文化人であり、バラエティ番組にも出演し、のみならず晩年には都知事選や参院選に立候補した（いずれも敗退)。

「南アルプスにおける自然保護、遭難救助の拠点となり、これからの山小屋の先駆的存在となるためには、それなりにエポックメーキングなものを作らねばならない。黒川氏に設計を依頼したのは、そんな山梨県の強い意志の表れだったと私は思います」

北岳山荘を現地で管理する猪俣健之介《いのまたけんのすけ》はそういった。

彼がここの管理人となって、二十五年が過ぎていた。

一九七八年春から始まった建設が、その年の秋には終了したというのだから驚かされる。

のみならず、この山小屋はいろいろな意味で画期的だった。

その頃、他の山の稜線に建てられた小屋で、頑丈な鉄骨を本格的に使い、さらに水洗トイレを導入したところはなかったという。二階フロアに並んだ客室はすべて南東に向けられ、どの部屋からも富士山が真正面に見えるように設けられている。

特筆すべきは建物自体の頑丈さであった。

三千メートル級の稜線に建つ小屋であるがゆえ、雨風や雪、凍結、そして越冬を計算しつくされた設計になっている。小屋仕舞いのときも、たいていの小屋では母屋《おもや》に支柱をいくつか立てて補強したりするが、そうしたことをいっさいやらずに窓をすべてフードで覆うだけでいい。北岳山荘付近には毎年、八から二十メートルの雪が積もるが、それだけの雪圧にじゅうぶん耐えうる構造だという。

猪俣はこういった。

「当時のパンフや雑誌を読むと、近代的な山小屋としてのアピールが目立ちます。この山小屋を、将来に建つ小屋のモデルケースにするんだという、当時の山梨県の意気込みを感じます」

前例のない高所での巨大な建築には、大量の資材が必要だった。

「建築現場を大型ブルドーザーが走っていて驚いたと、当時、その様子を見た友人がいってました。車体を解体してヘリコプターで運び上げたんじゃないかといってましたが、まさに目を疑うような光景だったそうです」

こうして突貫工事で建てられた北岳山荘は年内に完成して、翌年七月から営業開始となった。

それとともに、そこにあった北岳稜線小屋は解体され、短い歴史を閉じた。

猪俣健之介は一九七〇年、神奈川県に生まれた。

高校卒業後、スキー場のスタッフなどいろいろな仕事を経験、またワーキングホリデーに出かけたり、あちこちに旅もしたというが、それまで正社員としてどこかに落ち着いたことはなく、北岳山荘が初めての本格的な職場だった。

そんな猪俣はこれまで紹介してきた山小屋の責任者のような、いわゆる指定管理人ではない。れっきとした南アルプス市の職員でありながら、登山ガイドの資格を取り、北岳山荘を運営してきた。また、北岳山荘も当初は山梨県の直営、一時期は芦安村が管理していたが、今は南アルプス市による経営となっている。

意外なことに、若い頃、猪俣はまったく山を知らなかったという。

「ひょんなことから山小屋のスタッフとして働くことになったんです。もちろん素人じゃダメだし、登山というものをできるだけ知ろうと思って、地元の山岳会に飛び込んだんですね。それであちこちの山に登るようになりました」

その頃の猪俣は今のように公務員ではなく、まったくのフリーだった。いわゆる期間社員という扱いで、山小屋の開設期間だけ芦安村の臨時職員というかたちで北岳山荘に入ることになった。

「本当は小屋開けの手伝いだけをする予定だったんです」

もともとは富士山山頂のある山小屋で働いていた。それがあるとき、経験になるからと誘われて、一九九一年の六月と七月、北岳山荘の小屋開けを手伝うことになった。

「その年はたまたま凄く冷夏だったんです。富士山の登山者数も圧倒的に少なかった。そのため、八月以後、富士山で働くことができなくなったんですね。北岳山荘の売店でひとり落ち込んでいたら、当時の管理人だった内藤忠さんが〝ここにずっといてもいいぞ〟って声をかけてくれたんです。涙が出るほど嬉しくて、それがきっかけでここでずっと働くことになったんです」

こうして最初の一年は、六月の小屋開けから八月いっぱいまで北岳山荘で働いた。その年の九月。猪俣は、富士山の小屋で知り合った山仲間の男性ひとりとペアを組み、北アルプスの縦走を決行した。せっかく山小屋で働くのだったら、登山経験を積むだけではなく、他の山小屋のことも知っておこうと思ったからだ。

「糸魚川《いといがわ》から入って野口五郎岳《のぐちごろうだけ》を経てルート上を歩きました。槍《やり》、穂高《ほたか》、焼岳《やけだけ》まで行って下山したんです」

麓に下りて友人とは別れたが、猪俣は単独で南アルプスの縦走に挑むことにした。まず、北岳近く、野呂川上流部にある両俣《りょうまた》小屋に宿泊した。

「もっぱら地下足袋《じかたび》を愛用していたんですけど、これから先は寒くなるし、雪だって降るんだから、そんな格好じゃダメだよって星《ほし》さんに釘を刺されましてね」

星さんというのは両俣小屋の管理人、星美知子《みちこ》のことである。かねてから山小屋の先輩として、あるいは年長者として、北岳で働く若者たちのアドバイザー的存在のひとりだったという。

いったん南アルプスへの登山はあきらめたものの、やはり気持ちがおさまらなかった。

「ここまで交通手段を使わずに自力で歩いてきたんですから、やめたくないじゃないですか。口惜しいから、南アルプスを去ったその足で、今度は富士山に登ったんですよ。北から南を目指して山を縦走するなら、やっぱり最後は富士山だなって思ってましたし。そうして富士の山頂に立ったら、たまたま海の向こうに伊豆の島々がよく見えたんです」

山屋が海を渡ってもいいじゃないか。そう思った猪俣は、伊豆の島々をめぐってみることにし、まず熱海からフェリーに乗って大島に渡った。

「式根島《しきね》に、ただで入れるっていう温泉があったので、登山で疲れた体を癒《い》やしていました。そこでふたり組の男性と仲良くなって、今までの経緯を話したんです」

彼らはヨットで海の旅をしているところだったという。

登山をするのなら、天気図ぐらいとれるんじゃないかと聞かれて、猪俣はびっくりしたそうだ。

「もちろん大丈夫です。自炊が得意だからおいしいご飯だって炊けますすっていったら、彼らの船に乗ることになりましてね」

北アルプスの縦走から始まった、およそひと月にわたる長い山旅の締めくくりが、何と船だったとは。太平洋を航海し、最後は東京湾に入って旅が終わったのだという。

それは猪俣にとって刺激的な経験であり、忘れがたい思い出となったようだ。


翌年も、猪俣は北岳山荘のスタッフとして働いた。

その年の冬になって村役場に呼ばれた。

「管理人をやってみないかといわれて驚きました」

まだ二十四歳だったそうだ。

「さすがに寝耳に水で、どうしてですか？ って思わず質問しました。すると、それまで北岳山荘で働いてきた幹部スタッフがまとまって離職することになり、最後に残ったのが猪俣だったと」

たった二年のキャリアしかない。しかし、仕事に向かう熱心な姿が気に入られたのかもしれない。

猪俣の経験不足を知っていて、あえてやらないかといった役所の上司も上司だが、受けた自分も自分だ。今になってみればそう思うと彼はいう。

「先輩方の助言により、山小屋がオフシーズンになる冬も、山小屋で役立つような仕事をしていましたからね。大工仕事とか、ガス工事なんかも経験しました。それらがあとあと小屋の仕事に生かされたんですね。山梨県植物研究会では山の植物の勉強をさせていただけたし、料理、気象、電気、水道、土木からパソコンに至るまで、あらゆる分野で多くの人たちから教わって、いろいろなことを習得しました」

そうして猪俣は山小屋管理の仕事に本格的に打ち込むようになる。

二〇〇三年の二月には市の正職員となり、北岳山荘の管理人を続けて今に至っている。

山で働く魅力って何ですか？

猪俣にそう訊いてみた。とりわけ下界から孤絶した三千メートル級の稜線上にある北岳山荘での仕事である。

「これはどこにある山小屋にもいえると思うんですが、とにかくすべてを自分たちでやらなければならないということです」

彼はきっぱりとそういった。

都市部に暮らしていると、あるいは最近の田舎暮らしでもそうだろうが、何かが故障したり不具合を起こしたりするとまず業者を呼ぶ。テレビやエアコン、冷蔵庫といった家電製品にしろ、水道、電気、ガスなどのインフラにしろ、基本的にその仕組みはブラックボックスであり、一般人にはわからない。だから専門業者に任せなければ問題が解決しない。もちろんその対価としての費用を払う。

ところが電話一本でサービスマンが来てくれる街中とは違って、山小屋とりわけ標高三千メートルの場所にあるようなところに、そういった専門スタッフが出張してくることはまずない。

「徹夜で発電機を修理したり、いきなり断水したっていうんで水を復旧させたりといろいろありました。何よりもまず、登山者の方々や自分たちの命を守ることを第一に考えないといけないと思うんです。もちろん役所のみなさん、とくに所属する担当課員のみなさんとか、専門業者さんの助けや知恵を借りたりもしました。周囲の山小屋には常に先輩たちがいて、さまざまなことを教えていただきましたね。本当に急を要する場合には、業者の方に現地に来ていただくこともあって、そこはもう感謝のかぎりなんですが」

山小屋で働くにあたって、それなりの知識は持っているし、さまざまな経験によってスキルもアップする。しかし、道具も足りなければ人材も不足しているような状況で、とにかく何が何でもやりぬかなければならない。大勢の宿泊客やスタッフらの命に係わることだからだ。

「ある日、水が止まり、汚水が詰まって収拾がつかなくなっているところにたまたま遭難があって、救助要請が飛び込んできました。さらに悪いことに発電機が壊れ、スタッフのひとりがぎっくり腰で寝込んでしまいました。そんなときはパニックに陥《おちい》ったりせず、落ち着いてひとつひとつ対処していかなければなりません。ようやくすべてが解決して落ち着いたところで他の小屋に無線で報告を入れたら、塩沢久仙《しおざわひさのり》さんが大笑いされるんですよ」

広河原山荘の初代管理人だった故・塩沢久仙は、猪俣にとって父親のような存在だった。

「〝なあ、健之介。そこまでトラブルが重なると、もうあと残っているのはガス爆発だけだな!〟っていわれたものだから、無線交信を終えて、すぐにプロパンガスのところに飛んでいきましたよ。あのときはいろんなことが重なって疲労困憊でしたけど、だからといって大事な点検をやめたり、さぼったりはできませんからね」

そんなふうに、山小屋の仕事をするうちにさまざまなトラブルがあったが、いずれも何とか解決できた。結果としてそれらが登山者たちや、この山域そのものの役に立つのなら嬉しいと猪俣はいう。

「昔に比べると、ずいぶん便利になりました。小屋を始めた頃は、夜間の電気もなかったから、明かりはすべてランプだったんです。雨水をためるタンクも小さかったので、日常的に節水していました。当時は不便とかじゃなくて、山小屋というのはそういうものだと思っていました。それが今は、大きな発電機が常時回って電力が確保され、飲料水タンクも増設して、三百メートル下の水場から揚水するポンプアップシステムも性能のいいものに交換され、それればかりか、ソーラー発電があったり、パソコンや携帯電話も普及してますからね」

インターネットが山小屋で通じ、たったの一秒で天気図が画面に出たときにはカルチャーショックを覚えたと猪俣はいう。

それまでは天気図を描くことが、山小屋の重要な仕事のひとつだった。

「昔は携帯電話がなくて、さらにこの一帯はラジオの受信も不調だったんです。ところが、テント場のとある場所に、たまたまラジオの電波が入るところがあって、私やスタッフがそこで気象通報に周波数を合わせるんですね。そうやってると、周囲のテント泊の人たちが気づいて、ラジオ用天気図用紙を持ってそこに集まってくるんです。午後四時のＮＨＫ第二の気象通報の放送が始まると、みんなでそれに聴き入って、熱心に天気図を描いていました。だけど、全員が全員、同じ天気図を描くわけじゃなくて、それぞれが適当に描いているわけですよ。けっきょく夕方の六時五十分からＮＨＫ天気予報の放送が始まると、テレビの前に全員が集まり、発表された天気図を見て答え合わせをしてました。ああ、こうだったのかって悔しがる人もいて、面白かったですよ」

そんな時代を知っているだけに、猪俣は今の便利さを手放しには享受しかねるという。

「便利はいいんです。でも、そのぶん、危機意識が薄れている気がするんです」

今の登山者たちの中には、登山地図を持たず、スマートフォンに入れたアプリだけに頼っている人がまれにいる。登山ルートや山の天気はスマホが教えてくれる。しかしそうした最新のツールだけに頼るため、本来、登山者が身につけなければならない多くのスキルが欠落してしまう。読図であるとか、観天望気《かんてんぼうき》だとか、そうした基本を備えていないまま山にやってくるため、いざ、スマホの電池が切れたり故障したりすると、まさになすすべがなくなる。

そういうことが原因で遭難事件も起こっているのだという。

「うちのスタッフだって似たようなものです。蛇口をひねれば必ず水が出る。ライターがあればストーブに点火できる。みんな、最初はそれが普通だと思っています。もしも、それらがなくなったり、役に立たなくなってしまった場合、どうするか。都会ならともかく、山小屋ではそこまで考えなければいけないんです」

あるとき、珍事件が発生した。いや、むしろそれは山小屋にとってかなり深刻な出来事だった。

「小屋に悪意だとか恨みを持っていたとか、あるいはただ変な人が犯人だったのかもしれませんが、外にいくつか立ててあるプロパンガスのボンベの栓が開けられていたんです」

猪俣とスタッフたちはさすがに驚き、途方に暮れた。

先の塩沢久仙の〝ガス爆発〟の冗談ほどではないにしろ、こんなこともあったのだ。

「ところがせめてもの慈悲のつもりだったのか、たんに気づかなかったのかわかりませんが、たった一本だけ、ボンベの栓が開けられてなかったんです。それで急場をしのぐことができました」

そんな事件を経験したこともあって、逼迫《ひっぱく》した状況でもせめて暖が取れたり炊飯ができたりするように、大量の木材や木っ端を床下にためていると猪俣はいう。

危機管理の基本は常に最悪を想定すること。

山小屋という極限の環境にいると、いやでもそのことを学ばなければならない。

「十月中旬から山はどんどん寒くなってきます。そんな中でみんなで少しずつ小屋仕舞いをし、十一月上旬にはすべてを終えて下山します。登山口までたどり着いて、ほっとしたメンバーの顔を見ると、いつも安心するんです。みんなでありがとう、お疲れ様っていえる。それがいいんですね。そうして翌年の五月中旬になったら、また除雪を始めて小屋開きをする、そんなとき、前の年の小屋仕舞いで過酷な作業をしたメンバーのことが思い出されます。ていねいに作業をしてくれてありがとうって感謝しながら、今季の小屋開けの作業を進め、新しい一年を始めるんです」

標高三一九三メートルの北岳山頂に立ち、そこから南へ延びる尾根に向かって少し行くと、眼下にマッチ箱のように小さく、北岳山荘の赤い屋根が見下ろせる。間ノ岳、農鳥岳《のうとりだけ》へと続く白峰三山の縦走路にある山小屋。それは荒涼とした山中にある、ちっぽけなオアシスのようだ。

北岳山荘は一九七八年の営業開始以来、すでに四十年以上になる。

そんな長い歴史を、風雪に打たれながら耐えてきた山小屋を、猪俣は今日も守っている。

2

北岳山荘の朝は、午前三時半に始まる。

まだ真っ暗な中、早番のスタッフたちが目を覚まし、寒さを我慢して起き出す。

シーズン中、宿泊客が多いときは、五、六名が起床して、いっせいに仕事に入る。

他の山小屋同様、最初にやるのは炊飯器のスイッチを入れることだ。

それから小屋にいくつか置かれたストーブに火を点《つ》けたり、細々とした作業をしているうちに四時になって、宿泊者たちが起き出してくる。

スタッフ全員で朝食の準備にかかる。狭い厨房が一気に活気づくときだ。

湯気が立ち昇り、焼き物の匂いが立ちこめる。全員があわただしくそれぞれの役割をこなす。しかしあまり大声を出すわけにはいかない。厨房のすぐ上には客室があり、ダイレクトに声が響いてしまうからだ。

スタッフたちは小屋内のあちこちの電気を点けてまわり、受付を開く。四時半頃になると、それぞれの部屋から出てきた登山客たちが、一階の食堂に入ってくる。

窓の外はまだ暗い。淡い照明の下で登山客たちが朝食をとる。夕食は酒も入るのであちこちのテーブルから賑やかな談話が聞こえていたが、起き抜けということもあり、ほとんどの客が黙々と箸を動かし、静かに食べている。

やがて客たちは、次々と厨房のカウンターにトレイを戻し、それぞれの朝食を終える。各部屋で出発の支度を整えてから、ひとりまたひとりと階段を下りてくる。登山靴の紐を結び、ザックを背負い、ストックを伸ばすと、次々と小屋を出て行く。

若いスタッフたちが、「いってらっしゃい」と快活に声をかける。前の日に弁当を予約していた客たちは受付で受け取り、ザックにしまっていく。

「気をつけて」と、猪俣も声をかける。

その日の気象状況を登山者たちに伝えたり、トレイルのコンディションなどをアドバイスしたりといったことも、彼の重要な仕事だ。宿泊してくれてありがとうという気持ちを込めながら、小屋を出て行く客たちに挨拶をする。

午前六時——猪俣は小屋の外で気象観測をする。

一九六〇年以来、毎日午前九時と午後三時に気象観測を行う習わしだったが、夏のシーズン中はこの時間にも行う。

稜線に立って、空模様を確認、デジカメで写真や動画を撮影し、三百六十度の景色をくまなく記録する。それが終わると、小屋の近くに設置されている百葉箱のところに行き、扉を開いて中の温度計をチェックする。

「その日の最低気温と最高気温、現在の気温を記録します。それから吹き流しの角度を見ておおよその風力をチェックします。その日は霜《しも》が降りていたとか、いつもより早めに雪が舞っていたとか、そんなことも詳しく書き留めておきます」

山にいるかぎり、その仕事を欠かさず続ける。

「観測の結果は、南アルプス市の観光協会や野呂川広河原インフォメーションセンターに送ります。他の山小屋からの天候に関する情報も、同じ頃にいっせいに送られているはずです。というのも、下の南アルプス林道のゲートが五時半に開くので、最初の登山者は六時過ぎぐらいにインフォメーションセンターに到着するんです。だから、そういうタイミングになっているんです」

つまりインフォメーションセンターに到着した登山者たちは、猪俣のおかげで最新の山の気象情報を知ることができるというわけだ。

登山客たちが小屋を出発していなくなると、スタッフたちは空いた部屋から布団をたたみ、天気が良ければ屋根の上で干す。

午前七時。ようやくスタッフたちの朝食が始まる。

朝の仕事を終えた安堵の中、和気藹々《わきあいあい》と食事をする。一日のうちでも、最初にホッとする時間である。とはいっても、いつまでものんびりとしてはいられない。

「八時半には全員でまた食堂に集まって、その日の打ち合わせをします。時間厳守です」

北岳山荘のスタッフは、管理人の猪俣を頂点としたピラミッド型の組織になっている。

「その中に主要スタッフが三、四名います。これから本職として山小屋をやっていきたいとか、北岳山荘で何としても働きたいという若者たちです。彼らの下にアルバイトの子たちがついているわけです」

全員が集まると、市役所などからの報告事項を猪俣が読み上げる。それから、今日やるべきこと、週始めであれば今週やるべきこと、他の山小屋からの情報を伝えたりなどする。

「打ち合わせの司会を務めたり、報告の要となるスタッフは、十五分前には食堂に来ていて、それぞれが話の内容をあらかじめ決めておきます。そうしないとスムーズに議事が進行しないからです」

打ち合わせが終了すると、スタッフたちは各自、館内の清掃にかかる。

とりわけトイレの担当はたいへんだ。北岳山荘には小屋の中の他、外に大きな公衆トイレがあるからだ。

十時にはお茶の時間となる。寝不足をおぎなうために休むスタッフもいる。その頃になって、彼らはようやく朝の多忙な時間の束縛から解放されるのである。

十二時頃に昼食をとる。それが終わる時間ぐらいから、次々と宿泊やテント泊の申込者が受付に来る。注文があれば、ビールや記念品などの販売を行う。

午後四時から夕食の支度が始まり、五時に配膳。後片付けを終えて、八時に消灯。

こうしてその日の業務が終了する。

「毎年、インターネットの専用サイトでスタッフの募集をかけるんですが、ここで働いたスタッフたちの口コミとかにも助けられながら、その都度、人員を確保しています」

他の山小屋同様、早いうちからスタッフを募るという。最近はやはり応募者が少ないようだ。

「うちのスタッフは毎年、十四、五名ぐらいいます。もちろん夏の繁忙期だけのバイトもいますから、人数は変動します。だいたい三分の一ぐらいは女性なんです」

他の山小屋はほとんど女性スタッフばかりだったりするが、北岳山荘はどうしてそういう比率になるのだろうかと思って訊ねてみた。

「うちの小屋は発電機のメンテナンスとか遭難救助とか、ハードワークが多いせいでしょうねえ」

そういって猪俣は笑う。「あと、従業員の部屋割りの関係で女子部屋が少なくなってしまうために、どうしてもそういう割り振りみたいになってしまうんですね」

最近は山小屋で初めてアルバイトをするという若者が増えているそうだ。

「たいていは経験者に誘われて興味をもってきてくれるようなんですが、今も昔も素直でいい子が多いです。厳しいながらも、みんなで助け合って頑張《がんば》ってくれてます。途中でやめてしまう子はほとんどいませんね」

応募して来たスタッフたちは、まず五月の小屋開けから山にかりだされる。

最初の仕事はやはり除雪である。これが重労働なのだ。

昔の小屋開けはみんなで歩いて登っていたというが、今はヘリの最初の荷揚げとともに山小屋に行く。

五名から七名のスタッフで現地に到着すると、まずは雪かきである。

重機や除雪機も稼動するが、スコップなどを使った手作業もある。他のスタッフたちは小屋の中に入って、ヘリで運んだものの荷ほどきをしたり、小屋仕舞いでずっと保管していたものの紐ほどきにかかる。

とりわけ二〇一七年度は北岳山荘周辺の積雪が多く、除雪に四十三日かかったという。

「ヘリに乗って、地上の高さからいきなり三千メートル級ですからね。当然、高山病になる者がいるんです」

だから、絶対に何があっても走るなとか、休憩を多めに取り、水を補給して早めに寝るということを猪俣は新人スタッフたちに徹底して伝える。

そうして少しずつ、彼らは仕事のノウハウを身につけてゆく。

山小屋では水事情などもあって、風呂に入れる日は限られる。スタッフの中でも、とりわけ女性が気にするのは衛生面だと思うのだが？

それを訊ねると、猪俣はこういった。

「北岳山荘には従業員専用のユニットバスがあるんです。山小屋は飲食を扱う仕事ですから、もちろん自身を清潔を保つというのも仕事のうちです。入浴はみんなの義務だと思っています。そんなわけで、スタッフがいちばん多い時期でも、二日に一度はお風呂に入ってもらいます」

床下で下水修理をやって汚れたり、厨房で油まみれになったり。そんな仕事のあとだったら、時間を問わず優先的に風呂に入ってもらうそうだ。山小屋の仕事でも、男性が担うハードワークに汗や汚れはつきものだから、風呂の存在はありがたいだろう。ところが――

「風呂に入りたくないっていうスタッフもいるんですよ」

そういって猪俣は笑った。

「このように標高が高いところで入浴すると、疲れが取れるどころか、それ自体が疲労になってしまうことがあるんです」

そんな意外な答えが返ってきた。

「とりわけ去年（二〇一八年）の夏は暑かったんですよ。この小屋がある稜線付近は夏場でも昼間の平均気温は通常十二、三度ぐらいです。それが観測史上初めて二十六度という記録が出たり、最高気温が二十度以上の日が約三週間も続きました」

一九六〇年の観測開始以来、初めてのことだったそうだ。

「ふつう外気温が二十度以上になると、外仕事はまずやらないんです。意外でしょうけど、地上とは違って気温が少し上昇しただけでも体への負担が大きいんです。それにしても昨夏の暑さは異常で、熱中症の危険があるから外仕事は中止にしましょうと、初めて指示しました」

のみならず、夜になっても気温が下がらず、眠れない者も出てきたそうだ。

急遽《きゅうきょ》、水道管を使って、外の冷気を従業員の部屋に送る工事をしたという。

「ふだんから労働時間は八、九時間になるように調整していますが、何しろ早朝から夜までの長い勤務ですから、不眠はかなり身体に応《こた》えるんですね」

そんなわけで、その夏は猪俣にとっても心労が続く日々だったようだ。

「ヘリが四週間、飛ばなかったんです」

全国的に大荒れの夏だった。

北岳のみならず、どこの山小屋も食料、物資の搬入に窮していた。

ヘリは雨の合間を縫うように、一軒ずつ山小屋への荷揚げを行っていた。

北岳山荘とて例外ではない。仕方なくスタッフたちは雨の中、食材などを麓から ボッカして小屋に運んだ。猪俣自身も野菜や菓子類を背負子《しょいこ》に積み、三十キロの重荷を小屋まで担ぎ上げた。

「車が入れるような小屋なら、たとえばタマゴがなくなっても麓に買いに行けますが、さすがにうちはダメですから、そういうときはあるものを計画的に使っていかなければなりません。ボッカをするったって限界があるので、スタッフたちはどうやってしのいでいくか、ずいぶんと頭を使いました」

民間ヘリによる食料や物資の荷揚げは、今や山小屋の生命線といえる。

しかし、その常識が、これからだんだんと崩れていくのではないかと猪俣は危惧している。

「気象条件は年々、悪くなってくるし、予測も非常に難しくなっています。だから荷揚げの計画を立てても延期や変更のくり返しです。また標高が高い山間部ではヘリの操縦に高い技術を要し、パイロットには経験も必要なんです。しかし、そんな高高度を飛べるヘリの操縦士もだんだんと少なくなってきて、ヘリのチャーター料金も上がってきてます。空輸に頼れないとなると、否が応でも人力で荷物を担ぎ上げるボッ力がだんだんと主力になっていくかもしれません。小屋に上げられる食料などは限られてきます。常温保存ができる食材を中心に食事の提供をする、という手段もありますが、そうなると必然的にメニューの質が落ちてしまうわけです。今後、山小屋をどう運営していくか、南アルプス全域で考えていく必要があると思います」

諦めたり日和《ひよ》ったりするわけにはいかないと、猪俣は思っている。

どんな困難があっても、これまで頑張って克服してきたんだという自負がある。のみならず、いろんな幸運にも恵まれてきたという。これまでもいろんなトラブルに見舞われてきた北岳山荘。中でも、電気と並び飲用水の問題は深刻だった。

「突然、ポンプが停まって、水が上がらなくなったことがあります」

北岳山荘の水は雨水と併用して、稜線から三百メートル下の水場から供給されている。

昔はそこまでわざわざ汲みに下りていたが、北岳山荘建設のときからは給水ポンプが設置された。水は自動制御によって水場から上げている。タンク内に水が少なくなれば、モーターが作動して自動的にポンプアップで給水される仕組みだ。

「昔は途中のホースが外れたり、破れて孔《あな》が開いたりしてました。最近になって県がポンプを新調してくれたし、ホースも頑丈になり、安定した電源システムに改善してくれたおかげで、水の不安がすっかりなくなりました」

今から二十年ばかり前、突如として装置が故障したときのことが忘れられないという。

「何しろお客さんが殺到するシーズンだったため、すぐに電気関係の業者さんに、事故報告と相談の電話を入れました」

ところが猪俣は面食らった。

電話の向こうから相手は専門用語を投げてくるばかりだったからだ。

「『基板のB1とD1をつないでみてください』とかいわれて、なんの調整かもわからないまま、その通りにやってみて変化を先方に伝えたりしました。下界では図面を広げて対策会議をしてくださっていたそうです。けっきょく、故障原因がある程度つかめたおかげで、翌日になって、電気屋さんがここまで来てくれることになりました」

ザックの中に工具などを入れて、わざわざ北岳の稜線まで登ってきてくれたのだという。

「ちょうどその頃、電気屋さんは他の仕事が重なっていて、寝不足と疲労がピークでした。そんなわけで奥様が心配して、小屋まで同行してくださいました。そのときは四百名の宿泊があったんです。おかげで、みなさんの命が救われたと思ってます」

そういって猪俣は笑った。

一方で水関係の故障を自分たちの力だけで解決したこともあった。

「やはり水が止まったんですね」

ホースが破れるなどの漏水ではないとわかり、また配電盤の故障かと思ったらしい。

「ところがそうじゃなくて、発電機から水場のポンプにつながっている電線が断線していたんです。あれこれやってみたけどダメで、けっきょく電線そのものを交換することになりました」

何百メートルという電線を引き直す作業をしなければならない。

「麓で設備屋さんが急いで電線を手配してくれている間、午前中に通常物資の荷揚げを終えたヘリが夕方まで待機してくれたんです。すでに午後四時を回っていました。大きな木製のドラムがふたつ。電線はめいっぱいに巻き付けてあり、ひとつの重さが八百キロぐらいでしたね。見ていると、ヘリがふらふらしながら飛行して運んでくれました」

そんな巨大で重たいドラムを人力で動かすのは容易ではない。

まず、ドラムそのものを浮かせて動かすための台を作った。それから大勢でドラムを押したり引っ張ったりしながら、電線を解いて敷設してゆく。稜線から切れ落ちるようなかなりの急傾斜地で、足場が悪く、おまけに電線は長くて重たい。

そのうちに日が暮れて、周囲は真っ暗になった。

みんなでヘッドランプを点しながら頑張った。最終的に計二カ所、約五百メートルの結線を終えてから、無線で小屋に指示をして、発電機のスイッチを入れさせた。

「電力が伝わってポンプは稼働したんですが、なぜか水が上がらないんです。みんな無口になってしまって、ニッチもサッチも行かなくなったとき、ふいに気づいたんですね。結線したプラスとマイナスが逆になっていて、ポンプが逆回転していたんです。それを直したとたんに水が出てきました。もうスタッフといっしょになって喜びの絶叫ですよ。すっかり真夜中だったんですけどね」

次の日の朝は、大勢の宿泊客が入って来たという。

ギリギリで間に合って良かったと、猪俣は心の底からそう思った。

みんなの努力がこうして成功につながる。その団結力がもたらす喜びは、なにものにも代えがたいと彼はいう。

自分が働く姿を、スタッフたちに見られている。それを常に意識するのは管理人として当然だ。

「あるとき、昔、ここでアルバイトしていた女の子が、客としてふらっと来たんですね。それがどうも冴《さ》えない顔をしているんです。何か悩みでも抱えているのかと思いました」

わざわざ山小屋に泊まりに来て、何をするでもなく、ただ日がな一日、彼女は小屋の中をうろついていたという。

猪俣は気になったが、敢《あ》えて知らん顔をしていた。客室の修繕のために大工道具を持っていて、釘打ちなどをしていた。そんな姿を、彼女はじっと見つめていたらしい。

「帰り際になって、彼女が笑ったんですよ」

さすがに驚いたそうだ。

「どうしたんだと訊いてみたら、『北岳山荘が頑張ってる。猪俣さんが頑張ってる。そんな姿を見て、元気をもらいました』って答えてくるんです。やっぱり何か心の傷を抱えて来てたんでしょうね。そのときはたしかに笑顔だったんだけど、もしかしたら泣いてたかもしれません」

ザックを背負い、小屋を出て山に向かって歩いて行く彼女の小さな後ろ姿を、猪俣はいつまでも見送っていた。

小さくても温かな人間ドラマがあちこちにある。

だからこそ、山小屋の仕事には意義があるのだと、猪俣は思っている。

3

北岳山荘を訪れる登山者で、山小屋に隣接するログハウス風の小さな建物に気づく人は多いだろう。扉の左側には大きな縦長の看板があり、そこに「昭和大学医学部北岳診療所」と立派な文字で揮毫《きごう》されている。

芦安ファンクラブの二代目会長、故・塩沢久仙とともに、この診療所の産みの親ともいえる、昭和大学藤が丘病院長だった小林《こばやし》太刀夫《たちお》による墨書である。

北岳診療所は一九七九年夏、小林が週末を利用して北岳山荘で診察を始めたことが発端になっている。

その後、昭和大学の白馬診療部、ワンダーフォーゲル部、山岳部などの学生に声をかけ、昭和大学北岳診療班として活動が広がった。そして八二年、白馬診療部OBで昭和大学藤が丘病院教授の甲斐祥生《かいよしお》を部長として昭和大学医学部北岳診療部が発足した。

現在は山小屋からは完全に独立した別棟になっている。

山梨県からの補助金を受けながら、南アルプス市が予算運営をし、管理業務の請負は昭和大学北岳診療部である。医師、看護師、医学生、看護学生たちが毎年、夏の最盛期である七月中旬から八月中旬と、九月の連休シーズンに登ってきて診療活動を行っている。

山の診療所は北アルプスに十八カ所、富士山に四カ所。さらに白山《はくさん》にも一カ所が開設されている。しかし南アルプスにおいては、ただひとつしかない。

この診療所の開設には多くの物語があった。

まず、夜叉神峠小屋、広河原山荘などの管理人を経て、前芦安山岳館館長だった塩沢久仙の存在が欠かせない。

その頃の北岳山荘は山梨県による直営であった。連絡手段は無線しかなかったが、北岳山荘から県までは直接、電波が飛ばなかったため、夜叉神峠小屋が中継をしていたという。当時、そこの管理人をしていた塩沢は、山における傷病者対応の相談の無線通信を県に送ることが多かった。現場での負傷や病気の様子をを伝え聞き、それを情報として送りつづけていた。

そうした経験から、「北岳に山の診療所があればなぁ」と痛感していたそうだ。あるとき、小柄な老人が二週続けて夜叉神峠小屋を訪れたことがあった。最初に来たとき、うっかり眼鏡を忘れて帰ったから、また取りにきたのだという。

塩沢は興味を持って声をかけてみた。

その老人は小林太刀夫と名乗った。東京大学病院長から昭和大学藤が丘病院長に就任し、医学界の重鎮として広く名を知られていた小林は、学生時代にはまっていた登山をふたたび始めて以来、あちこちの山に足を運んでいた。そんな中で小林自身も、高山では怪我《けが》人や病人が決して少なくないことを知っていたという。

渡りに舟とばかりに、塩沢は山の診療所の開設を持ちかけた。

のちに山梨県と芦安村（当時）の担当および塩沢が、昭和大学藤が丘病院の医院長であった小林を訪ね、山の診療所の開設を懇願した際は、即答で快諾されたという。

こうして北岳診療所の開設が決まった。

「今ある建物は二〇〇〇年に新築されたんですけど、それまでは四畳半ぐらいの小さな青いプレハブの小屋でした」

そのときのことを懐かしく思い出しながら、猪俣健之介はいう。

小屋の北側に隣接する今の公衆トイレの辺りに、それは建っていたという。

「当時、診療所が建っていた付近の石垣に、あのとき北岳山荘のスタッフや診療部の学生たちが塗った青いペンキが跳ねた痕《あと》が今でも残ってますよ」

とにかく安普請で、狭くて建て付けの悪い建物だったようだ。

「床もかなり傾斜していて、机の上に置いたボールペンがコロコロと転がって落ちてしまうんです。何とかなりませんかって学生さんにいわれるものだから、仕方なく応急処置としてボールペン本体にナットをはめ込んで転がらないようにしてあげました。他にも水道管を引いたり、プロパンガスを使えるようにしたりしましたし、もちろん傾いた床や壁も毎年直していきました」

入口の扉は簡易なアルミサッシで、その前にステップがあった。何しろ狭い建物であるため、中に何人も入れない。それで怪我人や病人がやってくると、入れ代わりに学生たちが外に出なければならない状態だったそうだ。

当然、就寝スペースも狭く、夜間の診察のたびに全員が起き出さねばならないような状況だったため、やがて隣接する場所に三角テントを張って、四方を板で補強し、そこを彼らの就寝場所とした。

「混み合う時期などは複数の登山者が訪れるから、ひとりが中で診察を受けている間、別の具合の悪い人は外のステップに座って、つらそうな様子で順番を待ってるんですよ。こんなことじゃいけない、何とかしなきゃと思っていました」

猪俣はそう回想する。

それから現在の建物が完成するまで小林は、ときに数週間にわたり、プレハブ診療所で負傷者や病人の診療をしていたという。

「小林先生はいつも早起きでいらっしゃるから、朝いちばんに受付を開く頃には、もう小さな懐中電灯を手に持って診療所から小屋に来られるんですよ」

当時はソーラーシステムもなかったため、夜間から早朝の屋内は真っ暗だったそうだ。

「パイプ煙草がお好きでしてね。とっても似合ってらっしゃいました。それに必ずといっていいほど、ミルクと砂糖を半分ずつ入れたコーヒーを美味《おい》しそうに召し上がっていましたね」

のみならず、小林自ら、まるで北岳山荘のスタッフであるかのように、受付に入っては登山者たちに前日注文された弁当を渡したりしていたという。

「ザックの後ろの蓋《ふた》が開いてるよとか、靴紐をもう少し締めたほうがいいよとか、客に声をかけつつ、歩行の様子、顔色から体調を検分していらっしゃいました。ご自身も山のベテランでしたから、登山者たちにいろいろなことを教示されていましたね。私はそれを横で何年も見聞きして、さまざまなことを教わりました。前日に診察した方と会話して、アドバイスをしたり、感謝の言葉をうけていたり。とても素敵な雰囲気でした」

毎年届いていた小林からの年賀状には、富士山の高齢者登山の番付表が印刷されていたという。

「『ぼくはね、北岳に登る前には必ず足慣らしで富士山に登るんだよ。まだ前頭《まえがしら》の番付なんだけどね。循環器学会の会員番号は一番なんだけどなあ』といって、子供のようにお茶目に笑ってらっしゃいました」

そんな小林のことを思い出しつつ、猪俣は当時の決意を回顧する。

傷病者が診療所の外で順番待ちをしたり、診察のために否応なく学生が外に出るようなことがあってはいけない。

そのためにも新診療所の建設は急務であった。

診療部としては、今度の新しい診療所にどんなアイデアがあり、どういったスペースが必要なのかをここに書いてほしい——そういって猪俣が差し出したA4サイズのコピー用紙に、当時の学生のひとりが簡易なイメージをフリーハンドで描いた。それが昭和大医学部北岳診療部の当時の小野寺部長から、その友人である設計士に渡り、図面を引いてもらったものが村の担当者に届いた。

自分たちが楽に仕事をしたいからではない。外のステップで傷病者が診察を待つような状況を改善したいのだ。そんな願いが届き、芦安村による新診療所の建設につながったのである。

「ところが、それが公衆トイレの建設と時期が重なったんです」

なお悪いことに、ちょうど青いプレハブの診療所があるその場所に、今の北岳公衆トイレを建てることが決まって、小さな診療所は前倒しで取り壊されることになった。当座しのぎに北岳山荘の二階の部屋のひとつを診療所として特別に使ったらどうかと、猪俣は提案した。だが小野寺診療部長や学生たちは、どうしても外の診療所でやりたいという。

「医師や学生さんたちのそんな熱意に、トイレの建設を請け負った業者さんたちが心を動かされました。忙しい中、親方が旧診療所の構造をわざわざ調べ、移動する段取りを組んでくださったんです」

そうして診療所の学生、山小屋のスタッフ、建設業者が大勢集まって作業が始まった。親方の掛け声に合わせながら、全員が一丸となってプレハブ小屋を押して移動させ、ようやく少し離れた場所に移すことができた。

「さあ、ここでまた診療ができるよ」

親方がそういったとたん、それまで汗水流して頑張っていた学生たちがいっせいにやったと手を上げ、目に涙を浮かべて大喜びしたという。

「すごい歓声でしたね。あのときのことは、今、思い出してもグッと胸に来ます」

そういった猪俣の顔が輝いていた。

その年の秋、ログハウス風にデザインされた今の診療所ができた。

開所式にはそれまでここで診療をしてきた昭和大の関係者たちが訪れ、もちろん創設者のひとりである小林太刀夫の姿もあった。

晩年の小林は、入下山にヘリを用いていた。

「山の上での小林先生は気さくなおじいさんという感じでした。それが下界では知る人ぞ知る医学界の権威だったわけですからねえ。面会しようとしても、周囲にお付きの人がいっぱいでなかなかお会いできる雰囲気ではなかったそうです」

しかし山を去るときは、いつもヘリポートの縁に猪俣と並んで座り、ヘリの到着を待ちながら、しみじみと会話を交わした。

「あるとき、どうしてここに診療所を開こうと思われたんですかとお訊ねしたんです。すると、小林先生はこういわれました。こんな山の上で、情報も物資も何もないような環境ですから、人と人との関わりは下界よりもずっと深くなる。そんなところでの診療活動が、結果として良い医師や看護師を育ててゆくんじゃないか。だからこそ、ぼくはここで診療所を始めたんだよって。それになによりも先生は山屋でいらっしゃったから、山がお好きなんです。その気持ちが痛いほどわかりました」

診療所の開所式が終わったときは、お付きの方々も多く、いつものように猪俣とふたりで会話を交わすには至らなかったが、最後になって、ヘリポートの傍《そば》でようやく話すことができた。

「先生。診療所ができて良かったですね」

「ぼくの夢だったからね」

本当に嬉しげに小林がそうつぶやいたのを、今でも猪俣は忘れられない。

小林はヘリに搭乗し、北岳山荘から去って行った。

それが、猪俣が彼を見た最後だったという。

小林は二〇〇四年に死去。享年九十二だった。

その翌年、日本心臓財団によって彼の名を冠した小林太刀夫賞が設けられ、循環器病を中心とした生活習慣病予防に貢献し、あるいは疾病《しっぺい》対策に実効を挙げた保健師、看護師、栄養士などの個人あるいは団体に、その賞が与えられることになった。

青いプレハブの建物は、夏の診療活動が終わるとともに取り壊されたが、アルミサッシの扉と診療所の看板だけは猪俣が事前に外し、保管しておいた。扉は今も北岳山荘にある自炊室入口の扉にあえて再利用し、看板は部室に飾るからと、ひとりの学生が背負い、下山していった。


「小林先生と、もうひとりの創設者ともいえる塩沢さん、他にも創設に関わった多くの先輩方がいらっしゃるのですが、その方々の遺志というか、熱意や想いを次の世代に渡していくのが自分の務めのような気がするんです。それが診療部のみなさんやOBたちの一部にはすでに強く伝わっていて、少しずつながら受け継がれているような実感があります」

猪俣はそういって嬉しそうに笑う。

診療所の開設以来、四十年。

その間、北岳山荘と北岳診療所は隣り合わせで共存してきた。

診療所のスタッフたちは基本的にボランティアである。現在は、三代目の木内祐二《きうちゆうじ》部長のもと、大学病院の医師、看護師と医学生、看護学生たちがひとシーズン、延べにして八、九十人が三泊四日から四泊五日程度のサイクルで交代しながら下界と山の診療所を行き来し、山の上での診療活動に携わっている。

「北岳診療部というのは、文字通り部活なんです。五年生が中心となって後輩たちを指導しているんですが、チームワークが良くて実にまとまっている感じです」

そんな診療部の学生たちに、北岳山荘はどのように関わっているのだろうか。

「山小屋の役割としては、まず彼らが安全に入下山できるようにサポートをします。気象情報や登山道のコンディションを伝えて、登ってくる学生たちに『これから上は天候が悪くなるから、途中の白根御池《しらねおいけ》小屋で待機しなさい』とか、翌日に下山予定の彼らに『明日から天気が荒れそうだから、今日じゅうに下りたほうがいいよ』とか、他にも滑りやすいとか落石注意、増水してるよなどとケースバイケースでアドバイスをしたりします」

学生たちの寝泊まりは基本的には診療所の中だが、やはり山小屋との行き来は多いという。小屋の中で宿泊者を観察し、体調が悪そうな人には声をかけたりする。

昭和大学からは「学生たちの社会勉強になるから、山小屋の仕事の手伝いをさせてください」といわれており、これに南アルプス市は全面的に協力している。

客室の清掃や皿洗いなどの簡単な仕事を、小屋のスタッフの補助というかたちで手伝ってもらう。そのとき学生たちは自前のエプロンと手ぬぐい、バンダナを身につけて、代わる代わる業務に当たる。

「お客さんが寝てるから静かにとか、仕事中の無駄話はやめようねとか、そんなことを彼らにいうことはありますが、みんなとっても素直で優秀な学生さんたちだと思いますね。山小屋のルールみたいなものは、あくまでもさりげなく伝えます。それが彼らの経験になっていくはずなんです」

逆に診療所は、北岳山荘のスタッフや小屋の利用者たちの健康管理、傷病者の診察を行い、嘔吐などによる感染防止や食品衛生環境に対する助言などの運営協力を行っている。

「北岳山荘のスタッフたちも、仕事中に怪我をしたり、風邪や他の病気にかかることがあります。そんなときに、隣に診療所があるという安心感は何物にも代えがたい。だから私もスタッフたちも感謝をしてるんです」

まさに双方は協力体制を構築、維持しながら共存しているといえる。

とはいえ、三千メートル級の稜線にある診療所と下界を行き来するのは大変だろう。趣味や楽しみとしての登山ではなく、そこで待っている患者さんがいるから、彼らは北岳に登ってくるのである。

ところが猪俣はこういう。

「自分が入下山するとき、よく診療所の学生たちとすれ違うんですが、リーダーの足取りはしっかりしているし、みんなで弱い者を助け、支え合い、協力しながら安全に楽しく登下山している感じがしますね。毎年のように顔ぶれは変わりますが、どのグループも笑顔であることが印象的です」

くわえて、学生たちは診療所で診察するだけではなく、日常的にパトロールも行っている。

また、診療活動を行う医師や看護師は、学生とともに必要に応じて遭難救助の現場に駆けつけたり、他の小屋へ出向いて出張診療をすることもある。

「医師や看護師の仕事は大変なはずです。考えてみれば、最も不健康で不規則な仕事を強いられる職種かもしれませんね」

にもかかわらず、少ない休暇を利用し、南アルプスの登山の安全に寄与するその熱意には頭が下がるばかりだと猪俣はいう。

二〇一八年度の北岳診療所における受診者数は百五人。

そのうち打撲や捻挫《ねんざ》、擦過傷といった外科疾患は四割。脱水症、熱中症といった内科疾患は六割。中でもダントツなのが高山病だ。

頭痛や吐き気などがあるといって診療所を訪れる登山者の多くがそれにかかっている。

北岳山頂や北岳山荘付近の気圧は、地上の三分の二程度しかない。そこに睡眠不足や日頃の疲労、風邪気味などといった要素が加わり、高山病になることが多い。

「テント泊を含めた北岳山荘の宿泊者のうち、診療所で診察を受ける人の割合は二パーセント程度なんですが、それでもけっこう診療所の戸を叩く人が絶えない印象です」

最近は平日における山小屋の利用者数がだいぶ増えたと猪俣はいう。

「余裕をもって登ってこられる人が増えてきたということでしょうね」

とはいえ八月のハイシーズンはやはり登山者が集中する。

「山に来る人が多くなれば、それだけ病気や怪我も増えるわけですが、それで仕方ないなんていってちゃダメなんですよ。連休や週末の一極集中をいかに緩和させるかっていうことも、実は山小屋が考えていくべきことのひとつなんだと思うんです。ですが、仮に山小屋の宿泊を完全予約制にしたとしても、緊急時の避難先である山小屋という立ち位置は不変なんです」

だから、どうしても最盛期の混雑は避けられない。

とりわけ二〇一八年の夏は暑かったと、猪俣はくり返す。

スタッフが外で仕事ができなくなるほどだから、宿泊者にも当然、その影響はあったはずだ。

寝泊まりする部屋の熱気や、ひとつの布団に複数の客が寝るといったストレス。そんなわけで夜にろくに休めず、睡眠不足や疲労を抱えたまま朝を迎える。まさしく山岳事故予備軍であり、その事例も実際にいくつか生じている。高山病にもなりやすいだろう。

高山病は重症化すれば肺水腫《はいすいしゆ》などに進行することがある。

診療所とはいうが、実はここに本格的な医療設備があるわけではなく、あくまでも応急手当が中心。出せる薬剤もかぎられている。

高山病が軽症の場合は、患者に水分（スポーツ飲料をお湯で二倍に希釈し、体温に近い状態にして飲むと効果的という説もある）をとらせて、むりをせずにゆっくり休ませることで症状が緩和することがある。しかし重症化が認められる場合は、標高の低い場所まで移動する——すなわち下山しかない。

医師は診察によって、受診者が自力で下山できるか、あるいは歩行困難のためにヘリを呼ぶかの判断をすることになる。

またその場の診察でどうしても判断がつかない場合は、電話で昭和大のOBの医師に症状などの情報を伝えて判断を仰ぐこともあるという。そのため、近年は携帯電話がつながるよう、NTTドコモに協力してもらい、診療所の屋内でも携帯の電波が受信できるよう外部アンテナを設置した。

ところが診療所には医師が常駐しているわけではない。

診療の中心となる医師は、あくまでもかぎられた日数の滞在であるし、次の担当者が登ってくるまで医師は不在ということになってしまう。その間は当然ながら看護師や学生たちだけとなるため、怪我人や病人が来所しても正式な診断は下せないし、処方箋《せん》が必要な医療用医薬品も出せない。

そうした空白の時期をどうやって埋めるかということも、今後のテーマになるかもしれないが、猪俣は仮に学生のみの相談所ということでも、ここを開設する意味はあると考えている。

「それでもこれまでの四十年の間、登山者や小屋のスタッフたちが、診療所によって救われてきました。命を取り留めた登山者だっています。また、北岳山荘の隣に診療所があるっていうことで、どれだけわれわれ小屋のスタッフや他の山小屋関係者、登山者たちの心が助けられ、安心できることか。そこが大事なんです」

登山中の事故というものは、うっかりミスから引き起こされることが多い。

しかし本人の不安から思わぬ事態につながるケースもあると猪俣はいう。

「だから、北岳には診療所があるんだよっていうことで、その安心感が事故防止につながることは少なからずあると思います。もちろん安心が楽観につながって不注意が原因の事故が起こるようなことがあってはいけません。実をいえば、南アルプス全域の事故発生箇所の多くは、どこかしらの山小屋が見えているところなんです。小屋が見えて安心して気がゆるむのかな。けれども、登山者が安心して山にいられるということは大事だと思うんです」

北岳山荘と北岳診療所の双方の関係は、まさに持ちつ持たれつ。

互いに感謝の気持ちを抱いて共存していることが、北岳山荘と北岳診療所のあるべき姿だろう。これから先は、南アルプスの山域すべての小屋同士のチームワークが大切となるはずだ。

だからこそ、北岳診療所が存在する意味は大きい。

4

北岳山荘を訪れる登山者は、その途上、しばしばライチョウを目撃する。人が近づいてもなかなか逃げない性質のため、母鳥や雛《ひな》などを写真や動画で撮影する人たちも多い。それほど人気のある特別天然記念物の野鳥だが、その裏側には苦労話もあった。

「残雪期になると毎年のようにうちに宿泊され、小屋の周辺でライチョウたちの保護活動に取り組んでいる方がおられます」

猪俣健之介がいうその人とは、中村浩志《なかむらひろし》（国際鳥類研究所代表理事、信州大学名誉教授）のことである。

ライチョウが卵を産み、それが孵化《ふか》する七月上旬頃、中村はスタッフたちと入山。北岳山荘に一カ月以上、連泊しながら、ライチョウの調査と保護活動を行っている。

南アルプス市は、環境省による「ライチョウ保護増殖事業」に全面的に協力をしており、北岳山荘はその事業とスタッフたちの生活を支えている。

雨の日も風の日も猛暑の日も、早朝から日暮れまでライチョウを守り、観察し、育てる中村たちの作業は山小屋の管理を超えるほどに過酷なはずだと猪俣はいう。

現在、ライチョウを外敵から守るためのもっとも有効な手段は、一定期間、ケージと呼ばれる簡易小屋でライチョウの親子を保護する方法だ。そのケージは役目を終えると解体されて北岳山荘で保管、翌年の初夏、中村たちによってふたたび組み立てられる。そして山小屋の周囲の、子育てに適した箇所に複数が設置される。

ライチョウの雛は孵化してから一カ月の死亡率が高いといわれる。

雄は子育てにはかかわらないため、孵化した幼鳥はすべて母鳥とともに過ごす。中村たちは巣を特定すると、孵化して四週間程度の雛たちと母鳥をケージに誘導し、夜の間だけ、その中で保護する。

その目的は外敵および悪天候から雛と母鳥を守ることだ。

野生のライチョウを人工のケージで保護するなんてとんでもないと思う人も多いだろうが、実のところ、かれらはそこまで追いつめられているのである。人間が手を差し伸べないと、間違いなく滅びる。それはまぎれもない事実なのだ。

「巣を見つけたら、雛たちの孵化を確認してタイミングを見計らい、中村先生はスタッフたちとともにハイマツの斜面をゆっくりと歩きながら、北岳山荘近くに設置したケージまで誘導していました」

毎年、中村たちの熱心な活動を目の前で見ている猪俣はそういった。

シーズンになると、北岳山荘周辺には三カ所で仮設ケージが設置される。

それぞれ、ライチョウたちが安息して暮らせるような環境を整える。エサを用意し、清潔を保つためにこまめに掃除する。風雨が激しいときは、ケージの上からさらにシートなどで覆って保護する。

朝になるとケージの扉を開いて放鳥し、夕刻、またケージに誘導するまで、中村やスタッフたちがライチョウ親子につきっきりで見張りをして、外敵から守るのである。

捕獲したライチョウには、識別用に左右色違いの足輪を装着。一羽一羽の調査を徹底して行った結果、それまで明らかでなかったライチョウの生態が見えてきた。

季節ごとの生息の状態。生存率や死亡率。なわばりの分布など。

驚いたことに、北岳にいたライチョウが仙丈《せんじょう》ヶ岳《たけ》や鳳凰三山《ほうおうさんざん》まで飛んで移動していたそうだ。のみならず、中村たちがマーキングした個体が遠く離れた光岳《てかりだけ》で見つかることもあったという。

「そこに至るまでには、中村先生とスタッフたちの涙ぐましい努力がありました。悪天など、どんなに過酷な条件下でも、先生やみなさんはライチョウの親子につきっきりで観察されてましたね」

山の上も暑かったという二〇一八年の夏、危険だから外での作業をやめようと猪俣がスタッフにいったそのときも、中村たちはライチョウのために小屋の外にいた。ほぼ毎日、ときには早朝から夜中までライチョウたちの保護に精魂を傾けていたという。

「山を下りたら下りたで、あちこちで講演会があったり、野鳥に関する会議に参加されたりと、もう寝る暇もないほど、中村先生はご多忙だったはずです」

その熱意の結果、ここ数年でライチョウの生息数は少しずつだが増えてきているそうだ。

我が国におけるライチョウの生息エリアは本州中部、北は新潟県の火打山《ひうちやま》から南は静岡県側の南アルプス山域までと限られている。

そして現存する総数は、およそ千七百羽のみ。

——今、なんとかしないと、間違いなく手遅れになります。

そんな中村の言葉は限りなく重い。

ライチョウが生息する北岳。

その一帯を含む南アルプスという山域そのものを守ることも、また重要である。

南アルプス国立公園は、常に保護と利用のバランスで成り立っている。

とくに現場における管理は、各山小屋の管理人と大勢の小屋スタッフたちによる、その時々の判断がのちのちの方針となることが多い。環境省や山梨県、南アルプス市とも協議することが多いが、現場を把握している山小屋の管理人の判断は、その後の保護の方針や利用計画に大きな影響を与える。

ひとつ目は遭難救助である。

山小屋を運営していると、いやでもそこに携わることになる。何しろ現場にいちばん近いためだ。

とりわけ夏山の最盛期や秋の行楽シーズンは、事故が頻発する。

山小屋の従業員たちは、毎日のように現場に駆けつけることもある。

救助にはさまざまな技術を要する。

もっとも重要なのは自分自身が怪我をしないことだ。そのために必要なのは適宜な状況判断だと猪俣は強調する。それは場数を踏むことでスキルアップしていくしかない。

現場に駆けつけ、要救助者を発見しても、すぐにそこへ行くのは御法度《ごはっと》だ。

「まず現場の安全性を確認します。救助に行く自分やスタッフが事故に遭わないことが大切なんです。現場が危険と判断すれば足を止めること。助けなければという使命感や英雄志向などがあると、危険を顧みずにむちゃをして、それが二次遭難に繫《つな》がるんですね」

要救助者に近づくときも、その様子を注意深く観察することが必要となる。

大出血、四肢の変形、汗、顔色、意識の有無、失禁――この六項目を慎重に観察しながらそこに向かうと猪俣はいう。

同時に周囲の安全確認と、気象状況も観察しながら、慎重に接近する。

今はヘリコプターによる搬送が主であるから、その安全確認を地上から確認して連絡するためだ。これまで毎日のように行ってきた六時、九時と十五時の気象観測の経験がここで活きてくる。

もちろん天候が悪いときはヘリが飛べない。そのため、どのルートで傷病者を移動させるか、どんな搬送手段が適当かも考えながら近づいてゆく。

「救助にいっしょに向かう仲間のスキルを確実に摑《つか》んでおくことも大事です。とりあえず四人で駆けつけてきたけど、あそこはふたりで行ったほうがいいとか、この現場は落石が多いから日没後は危ないとか、そういった現場での状況判断は経験でしか身につかないんです」

現場の状況や要救助者の状態を警察や北岳山荘に無線あるいは電話で送るときは、シンプルな表現で確実に伝えなければならない。その伝え方には各人の経験やスキルが活かされる。

「顔面蒼白」「大出血なし」などと、てきぱきと情報を送ることができるようになれば一人前だと猪俣はいう。

これらは両俣小屋の管理人である星美知子や、当時、広河原山荘を管理していた塩沢久仙ら先輩たちから、彼自身が教わってきたことである。

しかしそんなふうに事故者、傷病者の救出をしても、けっしてそれが手柄になるわけではない。

警察や消防と協力しながら人の命を守る。事故を未然に防ぐ活動を含めて、これまで猪俣だけでなく、他の小屋の管理人や地元の遭難対策団体とともに取り組んできた。もし事故があれば、その登山道の整備を今後どうするかを考えねばならない。

そこがふたつ目の判断だ。

北岳は種の保存法に指定されているキタダケソウを始めとして、三百種以上の高山植物が生育する、世界でも有数の山である。

登山道の整備ということになれば、少なからず希少植物などへの影響が生じる。ゆえに、できうるかぎり環境への負荷を最小限にとどめ、ローインパクトな登山道の維持活動が必要となってくる。植物もライチョウも、気象も地質もすべてつながっているのが南アルプスである。

貴重な自然環境を未来に残すための保護という観点、あるいは登山者たちへの危険を少なくする観点などから、これについては慎重に協議する必要がある。

日頃から猪俣やスタッフたちはトレイルを歩いているため、補修が必要な場所はわかる。

自分たちで整備した箇所の破損報告が登山者や小屋の従業員たちから入ってくれば、猪俣はスタッフを選抜し、機材や資材を担ぎ、補修作業に向かう。

この頃は登山道整備の技術を持つ人が少なくなったと猪俣は嘆《なげ》く。

たとえばハシゴの構造による強度の違いや、整備箇所の地形や地質による冬季を見越した組み立て方、また木造か石積みかによっても整備の方法は違ってくる。そういったことも先輩たちから教わってきたものだという。

「先輩方が苦労して作ったハシゴのほとんどは、この二十年のうちにノウハウを受け継いだ私や、地元業者によって、ほぼすべてが掛け替えられています。今後に行われるだろう掛け替えは、次世代の管理人や地元業者の仕事になるんでしょうね」

その作業にはさまざまな技術が必要だ。

長い釘を正確に打ち込む方法や、チェンソーの安全で効率的な使い方。もちろんロープワークも重要で、ときには安全確保のためにハーネスを装着し、急斜面を降下したり、ぶら下がることもある。

実際に現場を見て、どこまで人が手を加えるべきかの判断も大切だ。

できれば自然のままであったほうがいい。これは環境負荷という問題の他、登山の本質的な見解であり、できるかぎり山には人工物があるべきではないと、猪俣は考えている。それでもやはり危険であると思えば、周囲に生育する植物に影響がないよう配慮しながら、ハシゴを掛けたり木橋を渡したり、ロープや看板を設置したりする。

「北岳山荘付近は標高が高いので、大雨の影響はほとんど受けないんです。その代わり、冬場の雪による登山道の荒廃やハシゴなどの損傷が多いですね。たいていはシーズン始まりの春から夏にかけて道を直すんですが、登山者が通行に苦労したり、著しく危なかったりといった状況があれば、何をおいても真っ先に駆けつけます」

とくに近年は山が崩れやすくなってきており、落石除去などの作業が多くなったという。

北岳山荘は一九七八年の開設以来、四十年近くの歴史を紡いできた。

かつてはシングルガラスだった窓も、途中の改装でペアガラスにしたり、それができない窓は別にサッシを取り付けて二重構造にしたり、そんなふうに補修され、少しずつ改良されていった。

そうはいっても、やはり標高二千九百メートルの世界。

峻烈な冬は当然ながら、夏も台風が傍を通れば、ドラム缶が転がるほどの強風が吹き、小屋が揺れたりする。建築から四十年近くが経過すると、さらに老朽化した箇所があちこちに出てくることはもちろん、越冬ごとにどこかしらの修繕が必要となる。

「これまで多くの方が、大工や左官仕事、溶接技術、水道の整備、発電機のメンテナンスのやり方等をわれわれに教えてくださり、多少の修繕ならば現地で対応できるようになりました。しかし屋根の全面的な張り替えなどといった大掛かりな工事は、やはりプロにお願いするしかないんです」

長年の間に少しずつ傾いてきた北岳診療所も、昨年、地元の工務店に依頼して修繕してもらったそうだ。

何しろ大自然が相手なのだから、仕方がないことだと猪俣は思っている。

近年において、北岳山荘の所有者である山梨県と、その管理者である南アルプス市との協議の場は、以前よりも頻繁になっている。今後は市と県がそれぞれの役割の中で、北岳山荘の修繕を行っていくことも確認されているそうだ。

次の十年に向け、北岳山荘はまた新たにスタートを切る。

未来を見据えて、猪俣はいう。

「これまで南アルプスの山小屋は、それぞれで奮闘してきました。それゆえ独自性が生まれ、それが小屋や管理人の個性となっていったんです。でも、これからは山小屋がバラバラに何かに取り組むものではなく、南アルプス全体で未来を考え、横の繋がり、ネットワークを維持し、強化しながら、みんなでやっていくことが大切だと思うんです」

登山道の整備方針、食事等サービスの在り方、山岳事故の未然防止を含む対応策等は重要なキーワードだ。その先に、それぞれの小屋が個性を発揮できる南アルプスがあるはずだと猪俣は強調する。

たとえばチャーター料金を奮発してヘリによる荷揚げの回数を増やせば、各小屋で極上のステーキや高級ワインを提供できるようになるかもしれない。さらに大げさな話、太陽光発電設備を強化して、蓄電したエネルギーで夜間にネオンを光らせることだって可能だろう。

しかし質の向上や便利さばかりがすべてではない。

登山者たちは下界の豪華なホテルのようなものを求めて山に来るわけではないのだ。山小屋を利用する人たちへのサービスや、施設設備をどこまでよくするかということの線引きは、いまのところ誰もできない。いずれ将来的に、はっきりとした答えが出るというものでもない。しかしそれらを試行錯誤しながら、答えを求めていく努力を怠ってはならない。

「南アルプスの保護と利用計画に基づく各山小屋の根本的な運営方針は、小屋単位で考えていかねばなりません。さらに山小屋のみならず、それらを所管する市町村と県、国、観光業者等が一同に協議をして、そうしたテーマや問題を真剣に考えていくべきですね。そのためには、まず山小屋の管理人同士が交流を持ち、お互いが認め合い、助け合う関係が必要になるんです。そしてそれは可能だと思っています」

近年、二十代、三十代の新しい山小屋の管理人がずいぶんと増えた。

思えば、猪俣が北岳山荘の管理人になった頃、周囲はすべてベテランといわれる山小屋の主ばかりだった。

「私自身も当初は新参者だったはずですが、長い年月をここ北岳山荘とともに過ごしているうちに、いつしか古参に近づいていたんですね。まだまだだとは思いますが」

斬新なアイデアと情熱に満ちた若い山小屋の管理人たちがいる一方で、それを見守る経験豊かな管理人たちもいる。その両者の関係が素晴らしいのだと猪俣はいう。若い管理人たちには、これから先の素晴らしい未来を期待しつつ、昔の自分を振り返るような懐かしさもあるという。そんな奇妙な感覚をいだきながら、猪俣自身はそのことを誰よりも楽しんでいる。

「多くの管理人たちが感じていると思いますが、南アルプスの未来は希望に満ちている気がします。それをこの先も見守りたいという気持ちがあるんです。いずれは自分も引退しなければなりません。それまでは各山小屋の管理人たちと協議し、悩んだり楽しんだりして、この先のことをあれこれと考えていこうと思っています」

新旧ふたつの世代の、ちょうど中間にいる猪俣だからこそ、何かのときの橋渡し役となるような機会が、これから増えるのではないだろうか。

新しい時代の登山を考え、次の世代へ引き渡してゆく。

それも山小屋にとって大事な使命なのだと、猪俣は強く思っている。

文庫版追記

二〇二二年度、北岳山荘は県による大規模改修工事がスタートし、テント泊のみの営業となっていた。二〇二三年に工事が終了し、通常通りの宿泊が可能になった。

北岳肩の小屋

北岳肩の小屋ＤＡＴＡ
標高３０００m、北岳の肩に位置する。
北岳山頂とは往復約90分。収容人数80人
（新型コロナ感染拡大防止のため削減中）。
6月下旬〜10月下旬営業。
問合せ先☎０９０－４６０６－００６８

1

筆者が北岳《きただけ》に登るとき、いちばん多くたどるのが草《くさ》すべりから小太郎尾根《こたろうおね》のコースである。

行程のハードさからいうと、大樺沢《おおかんばさわ》から左俣《ひだりまた》を経て八本歯《はっぽんば》のコルを伝うコースとさほど変わらないのだが、大きな違いは、草すべりコースを選べば白根御池《しらねおいけ》小屋および肩《かた》の小屋という二軒の山小屋が途中にあるということだ。

登山の目的はもちろんピークハントなのだが、自分にとってもうひとつ、山小屋の管理人に会いに行くという目的も重要で、せっかく久しぶりに顔を出しても、留守番のスタッフから「あいにくと今、ちょうど下山中なんですよ」などといわれてしまうと、とても寂しい気持ちになる。

肩の小屋の二代目管理人の森本茂《もりもとしげる》も、まさにそんな相手だった。

山の天気は突然に変わる。晴れていたはずなのに、三十分後にはすっかりガスに覆われ、晴れ間が閉ざされてしまうこともある。

本当はそのまま素通りして頂上に向かうべきなのだが、やっぱりこの小屋に来たからには彼の顔を見ないと気が済まない。だから、ついついドアを開き、小屋の中を覗《のぞ》くことになる。そうしてカウンター越しに青いジャンパー姿を見ると、思わず顔がほころんでしまうのだ。

「やあ、来たね」

あの屈託《くったく》のない笑顔を見せられると、やっぱりホッとしてしまうのである。


森本茂は一九四六年、山梨県の旧芦安《あしやす》村に生まれた。

六人兄妹の長男である。

「小学生の頃から親父に誘われては、いっしょに山に入ってたんだよ」

森本がいう親父とは、肩の小屋初代管理人の森本録郎《ろくろう》のことだ。

肩の小屋の前は、初期の白根御池小屋の管理人をしていたという録郎は山を渡り歩き、時間があれば野呂《のろ》川で岩魚《いわな》釣りをしていたという。そんな父に付き従っているうちに、いつしか茂は南アルプスの山々に馴染《なじ》むようになっていた。

「その頃はまだ野呂川林道（今の南アルプス林道）は開通していなかったし、北岳や仙丈《せんじょう》ヶ岳《たけ》に行くルートも未開拓だったもんだから、甲斐駒《かいこま》や鳳凰三山《ほうおうさんざん》なんかのほうが登山者は多かったんだよ。夜叉神《やしゃじん》トンネルはすでに開通してたけど、観音経《かんのんきょう》のほうはまだ工事中だったたなあ」

林道が少しずつ延びるに従って、仙丈ヶ岳や北岳方面への登山者も次第に増えてきた。しかしまだまだ北側の戸台《とだい》方面から入山するルートが一般的だったようだ。

「とにかく当時は登山者の装備が悪かったんだな。寝袋どころかむしろやゴザで寝たり、登山服なんかも進駐軍の払い下げみたいなものを着ていたりしてね。今みたいに軽量じゃないから、疲労困憊するし、中には寒さで肺炎を起こす人もいて、救助要請がよくあったんだ」

森本録郎は御池小屋の管理をしながら、そんな遭難者の救助を行っていた。

当時の御池小屋は丸太を積み上げて造った簡素な建物だった。ウサギが軒下をねぐらにしていたそうだ。

まだ小学生だった茂は、父の小屋をよく手伝っていた。

「あの頃の御池は今よりもずっと広くて、水もきれいだったよ。そのまま飲めたほどだったね」

懐かしげに笑いながら、茂はいう。

登山人口が増えるに従い、やはり事故が多発するようになった。その頃はヘリによる搬送などがなかったため、人力で傷病者を担ぎ下ろさねばならなかった。

「毎回、頂上付近とか稜線《りょうせん》から麓まで運ぶんだから大変だったんだな。雨風を避けるために、両俣《りょうまた》分岐の辺りにあった岩穴を避難場所にすることもあったよ」

たしかにその分岐点近くには、岩が積み重なってできた大きな隙間というか、岩穴のような場所がある。実際に通りがかって、それを見つけると、まるでクマが冬眠しそうな感じがして、今でもびっくりする。そんな岩穴が二カ所、あったそうだ。

傷病者の搬送のとき、途中に休憩場所となるような中継点がほしい。だったら新しい山小屋をそこに造るべきだ。

そんな森本録郎の思いが肩の小屋の建設につながったのだと、茂はいう。

「今の場所に決めた理由は、そこが広くて平らだったから。少し下れば水場があるということも大きかったね」

現在、肩の小屋が建っている場所は小太郎尾根でもとりわけ水平で開けた土地だ。しかも眺望は最高だし、頂上までは僅《わず》かな時間で行ける。まさに北岳の肩の小屋と呼ばれるにふさわしい。

建築にはさまざまな苦労や努力が必要だった。

現代の山小屋の建築にヘリは欠かせない。大量の資材も一気に、それもスピーディに麓から山の現場まで運び上げてくれる。

ところがその頃の常識ではヘリを使うという手段がなかった。そのため材木も石も、すべて人間が背負って三千メートルの稜線まで担ぎ上げたのである。

驚いたことに、その重労働を主に担《にな》ってくれたのは地元高校の山岳部の学生たちだったという。

「県や市町村が作る公営じゃなくて、あくまでも個人の施設だったからね。当然、建築資金も潤沢《じゅんたく》じゃなかった。だから、ほとんどがボランティアによるものだったんだよ。山岳部の監督さんの音頭取りで、大勢の若者たちが頑張《がんば》って麓から運んでくれたんだ」

学生だけではなく、一般の登山愛好家たちも積極的に手伝ってくれた。

「自分も親父といっしょに何度も荷揚げをしたよ。こっちが留守の間は、代わりに弟の聖治《せいじ》や均《ひとし》が頑張ってくれた」

徹頭徹尾、人力で担ぎ上げ、人力で建てたのだと森本茂はいう。

むろん彼の父親、録郎の人徳もあっただろう。

遭難救助の中継点がほしい。ここで人を死なせたくないという彼の想いに共感する者が多かった。

「延べにしてどれぐらいになるかな、ずいぶんな人数だったのを覚えてるよ。それが何年にもわたって、少しずつ道具や資材を担ぎ上げ、みんなでコツコツと小屋を建てていったんだ」

一九五七年頃には、ほぼ完成していたそうだ。

当時、ボランティアで手伝ったという高校生たちも、とうに古希《こき》を過ぎた年齢。ごくたまにだが、肩の小屋を訪れる登山者として、今も再訪することがあるのだという。

「あの頃は食料もなかなか手に入らなくて大変だったなあ」

当時を振り返りながら、そんなことを茂と語り合うそうだ。


初代管理人の森本録郎は、七十代で引退するまで、良き山の父でありつづけた。

肩の小屋は完成しても、やはりいろいろと不都合なことがあった。何しろ素人ばかりによる設計と建築である。雪が降ったり台風に直撃されたりするたびに傷む場所が増えてきて、そのたびに補修や改装が必要となってくる。

「今ならヘリがさっと来るんだけど、その頃は自分たちでやるしかなかったんだよ。業者のみなさんが、わざわざここまで登ってくるなんてこともめったになかったわけだし」

管理人親子と、小屋を支えてくれるスタッフ、ボランティアの面々でなんとかやってきたのだと茂はいう。

「食料もほとんどボッカで担ぎ上げたんだよ。中には馴染みのお客さんがわざわざ持ってきてくれたりすることもあってね。いったん山小屋まで来たのに、不足なものがあるってわかると、また麓まで降りて取りに行ってくれたもんだ。今の登山と違って、あの頃はみんな、時間的に余裕があったんだろうなあ。それと心の余裕みたいなものもあったんだと思うよ」

そんな言葉を聞いて納得したのは、やはり今の登山の在り方だ。

残業続きの毎日の中で、ようやくとれた二、三日の休暇。そこに登山計画を入れる。必然的に予備日なんてなくなる。明日までに下山しないと、次の出勤に間に合わない——そんなギチギチのスケジュールで山にやってくる。だから、天候が急変してもむりに下山しようとする。

「野呂川林道が広河原《ひろがわら》まで開通して、今年でもう四十年になるんだよ。あの頃から、だんだん道が延びてきて、人がどんどん入るようになった。それとともに事故も多くなったんだ」

録郎が白根御池小屋の管理人だったとき、山頂から傷病者を担ぎ下ろす中継点としての山小屋を望み、肩の小屋が完成した。しかし、だからといって山岳遭難そのものが減るわけではない。時代が変わり、登山道が整備され、登山者たちが増えてくると、それだけ事故も頻発するようになった。

北岳肩の小屋は要救助者を担ぎ下ろす中継点というよりも、より現場に近い最前線として、遭難救助の基地という使命を担うようになったのは皮肉なことである。


これまで何度も書いてきたように、山小屋の仕事に遭難救助はつきもの。

だから肩の小屋のスタッフには、即戦力になる人材が望ましいのだと茂はいう。

事故が起これば、小屋の作業はさておいて、いのいちばんに現場に駆けつけなければならない。とりわけ肩の小屋は位置的に事故現場に最も近いというケースが多く、救助や捜索にかりだされることが多くなる。

小屋が混み合う最盛期は、事故が多発する時期でもある。登山者が多ければ多いほど、事故や病気などハプニングの件数は増えるからだ。また、警察や遭対協などが出動する救出に、応援として小屋からかりだされることも少なくない。

そういうときはスタッフみんなで協力し、残った者で小屋の客の対応をするという。

「とにかく、うちはいつもスタッフに恵まれてるんだよ」

そういって茂は笑う。

他の小屋と同じく、インターネットや山岳雑誌でスタッフの募集をかけるそうだが、問い合わせは多いものの、実際に雇うスタッフやアルバイトはほとんどが顔なじみなのだという。

「いつも知り合いとか常連スタッフとかが集まってくるんだ。宿泊してくれる常連のお客さんの中で、小屋で働きたいっていってくる人もいるよ。だから、みんな和気《わき》藹々《あいあい》としてるし、いざというときは頼りになる。ちゃんと仕事がわかってるからね」

もちろん新参のアルバイトも集まってくるが、やはり自分からやりたいと熱心にいってくる若者はよく働いてくれるそうだ。

肩の小屋のスタッフは、毎年ほぼ十名程度。男女比はその年ごとに違う。

「どうしても若者が中心になるよね。中には子育てが終わったり、定年になって時間ができたからとか、そういう人から問い合わせが来ることもあるけど、山の仕事は体力が基本だから、なかなかそういう人たちは雇えないんだ。もし何かあったらたいへんだからね」

現在、肩の小屋は茂の息子、千尋《ちひろ》が三代目管理人となって経営をしている。まだ三十代後半という若さ。そして人一倍の体力にも恵まれている。

高校時代から駅伝部に所属し、大学では山岳競技国体強化選手として国体に三度の出場を果たしている。さらに大学卒業後は陸上自衛隊に入隊、現在も予備役だという。まさに小屋番にうってつけの人材だといえる。

「今じゃ、すっかり有名になっちゃったけど、息子は時間があるとしょっちゅう〝山頂ダッシュ〟をやってんだよ」

山頂ダッシュというのは、肩の小屋から北岳山頂を走って往復することらしい。標高差は二百メートル近い。肩の小屋と頂上との往復コースタイムは七十分。そこで森本千尋はたった十三分、それも往復という驚きの最短記録を出している。今でもふつうに十五分から遅くても十七分程度で登り下りできるのだという。

ひところはトレイルランニングと一般の登山者の間にトラブルが多く発生して問題になっていた。しかし、そこは文字通り山の肩にある小屋。彼は登山者たちがいなくなる時間帯をちゃんと見計らって、それをやっている。

「周りのスタッフも息子に感化されてね、小屋の休憩時間になれば、みんなで山頂ダッシュの新記録を目指して走ってるよ。まだ息子の記録を破った人はいないけどね」

オフシーズンで山を下りても、各地のマラソン大会に出たりするというから驚く。この山頂ダッシュが高地トレーニングになって、多くのスタッフたちが大会で好成績を出しているそうだ。

「いつも夜叉神から歩いて小屋を手伝いに来る、常連の夫婦がいるんだ」

そのふたりは夜叉神から鳳凰三山を目指し、さらに早川《はやかわ》尾根を経て甲斐駒ヶ岳に登り、いったん野呂川まで下りてから、今度は仙丈ヶ岳のピークを踏み、さらに間《あい》ノ岳《だけ》まで足を延ばしてから北岳へやってくるという。

健脚な登山者でも最低二泊三日はかかるコースを、そのふたりはたった一日で踏破するのだから驚かされる。彼らもやはり千尋と同じ山頂ダッシュのメンバーで、最近は青梅《おうめ》マラソンでも好成績を出したのだそうだ。

肩の小屋のスタッフって、そんな凄い人たちばかりなんですかと訊いてみた。

すると茂は笑いながらいった。

「いやいや。みんながみんなそうというわけじゃない。せっかく山にいるんだから、時間があったらぼんやりとただ空を見てるって子もいるし、星空を眺めるのが好きだったり、高山植物を撮影するのが趣味だっていうスタッフもいるよ」

そうした自由な気風も、肩の小屋の特徴であり、居心地の良さなのだろう。

北岳肩の小屋といえば、南アルプス北部ではもっとも標高の高い場所に位置する山小屋だ。

標高三千メートルともなれば、当然のように高山病にかかるリスクが大きくなる。

私事ながら筆者の娘がまだ小学生だった時分に北岳に登った折、まさに肩の小屋付近で頭痛を訴えだした。症状は下山にかかってもおさまらず、それどころかますます悪化して、中腹にある白根御池小屋のトイレを汚す騒動になってしまったのだが（そのおかげで御池小屋管理人夫妻との今日に至る親交が生まれた）、そうした高山病によるトラブルは、たとえば宿泊客などにさぞかし頻発するのではなかろうか。

ところが茂の答えは意外なものだった。

「うちに来られるお客さんに、高山病になる人はほとんどいないんだよ」

たとえば広河原から登り始めて、本来ならば標高二二三〇メートル付近にある白根御池小屋で休憩を取るか、あるいは一泊し、体をじゅうぶんに高度順応させてから三千メートルの稜線に登るのが理想である。しかし、御池小屋の前を通過して、そのまま草すべりから肩の小屋まで一気に登る人は少なくない。

そのことをいうと、茂は笑いながらこう答えた。

「比較的、山のベテランさんが多いからじゃないかな。ビギナーさんとか、体力に自信のない人はやっぱり御池小屋に泊まったりしてるよ。あるいは遠くから来てる人は広河原で泊まって、朝の暗い時間から出発して、涼しいうちにここまで来ちゃうからね。麓からうちの小屋まで一気に登ってこられるんだったら、やっぱり登山経験が豊富な人が多いよね」

しかし北アルプスなどで三千メートルまで一気に登る人はけっこう高山病にかかっているという話ですよね——そう訊いてみると、意外な答えが返ってきた。

「他の山域と違って、南アルプスは森林限界がかなり高いところまで来てるだろ。ということはそれだけ酸素が豊富だということなんだ。高山病の原因の多くは酸素供給量の問題だからね。けっこう高い場所まで森があって、木の枝葉が日陰を作っているから、直射日光にさらされにくいっていうこともある。つまり北岳の登山道は、そういう意味で恵まれた環境にあるんだね。岩場の道が長い北アルプスとはやっぱり違うってことなんだよ」

標高の高い場所にある山小屋では、たとえば酒のトラブルもよく聞く。

さほど飲んでいないつもりが、一気にアルコールが回って酩酊《めいてい》し、気分が悪くなったり、周囲に迷惑をかける。あるいは翌朝、宿酔《ふつかよい》でテントから出られなくなったりという話もあった。

ところが肩の小屋では、宿泊客、テント泊にかかわらず、酒によるそうした問題はほとんど起きないそうだ。

「やっぱりそれはね、よくわかってる人たちがうちに来られるからなんだよ。酒に強い人はどれだけ飲んでも酔っ払わないわけだし、逆に弱い人はこれ以上、飲んだら明日に響くからここでやめとこうとか、ちゃんと節度を守ってお酒を飲んでるんだね」

最近はパーティ登山でも、それぞれがソロテントを持ってくることが増えたという。昔のように大型テントを担いできて、その中で大人数でわいわいやるということは少なくなった。その結果、テント場で宴会をしたりといった騒ぎも減った。

むろん、ソロテントばかりだと、そのぶん敷地がよけいに必要になってしまうという欠点はある。だが、それが今の風潮なのだと茂はいう。

筆者が肩の小屋に入って茂に会うたび、決まって長話になってしまうと冒頭に書いた。

とりわけ犬の話になると、互いに好きなものだから、いつまでも話題が尽きないのである。

「甲斐犬《かいけん》はいいねえ」

そんな言葉が茂の口から出てくると、もう長居を覚悟するしかない。

茂は昔から犬を何頭も飼ってきた。甲斐犬がほとんどだったそうだ。最高齢で二十七歳まで生きた犬がいたというから驚く。

「飼い犬を長寿にする秘訣はね、山に連れて行くことだよ。養分がある土を舐めたり、長い草を食べると排便がスムーズになるんだ。それに適度な運動量もクリアできるからね」

昔は肩の小屋では、何と八頭の犬を飼っていたそうだ。

「子供連れの夫婦のお客さんが雨のとき、うちに長逗留《とうりゅう》してねえ、子供たちがうちの犬たちとすっかり仲良くなったんだ。雨が止んでから間ノ岳方面に縦走するっていうから送り出したら、犬の一頭が道案内みたいに家族についていったんだな」

犬は四、五日、小屋に戻ってこなかったという。

それから一カ月ぐらいしてから、その家族連れ登山者の母親から、肩の小屋に手紙が届いた。

けっきょく犬はその家族にずっとついていき、間ノ岳、塩見岳《しおみだけ》と同行、そして麓の塩川《しおかわ》のバス停までいっしょだったそうだ。彼らが山を去ってから、犬は自分で小屋まで戻ってきたという。

「手紙といっしょに二千円が入っていたんだよ。子供の小遣いなんだけど、すっかり犬の世話になったから、これでエサでも買ってあげてくださいって書いてあったんだ」

なんともほほえましい話だが、さすがに二十数年も前のことだそうだ。

南アルプスが国立公園となり、くわえて犬連れ登山に厳しい目が向けられるようになった昨今では、とても考えられないエピソードだった。


そんなとりとめもない会話をようやく終えて、茂に別れを告げる。

小屋の外に出てみると、さっきまですっかり晴れ渡っていた北岳山頂が、すっかり濃密なガスに覆われている。

筆者は苦笑いしつつ、ザックを背負いなおし、肩の小屋をあとにして頂上に向かう。

また今度、ここに来るときも、きっと同じように彼とは長話になるなと思いつつ、やはり顔がほころんでしまうのである。

2

山登りをする人に悪人はいない――そんなことがいわれていたのは昔の話。

登山人口がこれほど増えると、やはりというか、悪事に走る人が少なからずいて、デポしていたザックを開けて物色されたりするし、最近は転売目的なのか、テントそのものを盗んでいかれた事件もあった。白根御池小屋ではトイレの協力金をごっそり持っていかれたこともある。

中でもいちばん盗難が多いのは山小屋のトイレットペーパーだという。

トイレの中に予備を置いておくと、それを平気で持って行ってしまう登山者が多い。だからスペアを置かないという処置をとらざるをえない。

肩の小屋でも、トイレットペーパーの盗難は少ないとはいえ、やはりたまにあるそうだ。

「幕営地に行ってみたら、明らかにうちのトイレットペーパーを使って食器を拭《ふ》いてる人がいるんだよ。きっと罪の意識がないんだろうなあ」

森本茂はそういって笑う。

そういうときは叱ったりするんですかと訊ねると、彼は首を横に振る。

「仕方ないなあと思うんだ。いちいちそういうことで怒ったりしちゃ、この山のイメージが悪くなるだろ？」

そういうことを見越してじゃないが、とにかくトイレットペーパーはいつも多めに荷揚げをするのだという。

ところが悪天候でヘリが飛べない日が続くと、たちまちストックがなくなっていく。とくに去年（二〇一八年）は荒天続きで、ヘリのフライトが二週間も遅れてしまったそうだ。そうなると、いやでもボッカ、つまり人力での荷揚げに頼ることになる。

しかしトイレットペーパーなら軽くていいですねと訊いてみたら、茂はまた笑ってこういった。

「いやいや。重さじゃないんだよ。トイレットペーパーはかさばるし、どうしても箱が大きくなるんだ。そいつを背負子《しょいこ》に縛り付けてると、登山道で枝に引っかかったりして危ない。けっして重くないのに、気疲れするんだよなあ」

山のベテランの森本茂がそういって笑う。

彼は初代管理人だった父、録郎の背中を見て育った。

すべてを父から学んできた。

「親父はとにかく生真面目で、何かにつけ、ひとりで頑張ってきた男なんだよ」

懐かしげに目を細めながら茂がいう。「山のことは一から十まで親父から学んだ。いや、学んだっていっても、何をどうするって教えてくれたことはないんだな。ただ、親父がやることをいつも傍《そば》で見ていて、その真似をしてきただけだよ」

茂がまだ子供の頃、氷結した沢を父とふたりで登っていたときのことだ。

十二本爪の本格的なアイゼンを靴に装着していた茂だが、そのとき録郎は三本爪の簡易なアイゼンだったらしい。

「親父の歩きが軽やかなんだよ。こっちは苦労して滑らないようにして登ってるのに、さっさと先に行っちまう。滑りやすい氷の上を歩くコツをちゃんと身につけているからなんだろうなあと、そのときは思ったね」

そんなふうに父の姿を見ながら、山の技術を少しずつ身につけていったという茂。

ベテランを見て学ぶうちに、その人自身のことも次第にわかってくるという。

「親父には山仲間がいっぱいいたんだ。この南アルプスだけじゃなくて、時間を見つけては他の山域にも足を延ばしていたし、それぞれの山小屋の人たちとの連携も強かった。今じゃ、親父も亡くなって、その辺りの小屋番もさすがに代替わりしてるがね」

茂もオフシーズンには、暇さえあれば旅行をするという。

他の山に登るだけではなく都会にもゆく。

「都会にはいろんな人がいるから、会って話をすると、人との接し方がわかっていくんだ。それに都会ったって、東京と大阪と名古屋じゃ、まったく違うんだよ。そこが面白い」

接客業である山小屋の仕事は、とりわけ人とのふれあいが多い。

標高三千メートルの場所にある肩の小屋には、毎シーズン、たくさんの人が訪れ、宿泊をしていく。

「うちに来るお客さんは、なぜか世界のあちこちを旅行している人が多いんだ。いろんな見聞を持ってるから知識があるし、経験も深い。山登りだってそんな旅行のひとつだと捉えてるみたいなんだよ」

そうした人々とのふれあいが、やはり山小屋の仕事の醍醐味だと茂はいう。

「俺も時間があれば海外旅行したいんだが、下山してもあれやこれやで忙しくてねえ。その代わり、うちのスタッフたちはひんぱんにあちこちの国に旅行していて、そのおかげで英語に堪能だったりして助かってるよ。最近は北岳も外国からの登山者がずいぶんと増えたからね」

たしかに国内のどの山にも、いろいろな国の登山者が増えたと筆者も実感する。欧米だけではなく、やはり中国や台湾、韓国などアジア諸国からの客が増えた。英語が話せるスタッフがたまたまそこにいなくても、なぜかよくしたもので、ちゃんと彼らと会話ができる登山客がたまたま居合わせて、その場で通訳してくれたりするそうだ。

「最近は自動翻訳アプリみたいなのがあって、かなり性能が良くなってるそうだから、うちもそういうのを導入しようかと思ってる。でもまあ、最悪ゼスチュアとか、いろいろやってみれば、たいていは通じるんだよ。向こうもこっちの意図を理解しようと努力してくれるからね。富士山とか他の有名な山とは違って、北岳に来る外国人は比較的ベテランの人が多いから、山好き同士で通じ合えることが多いんだよね」

ところが困ったことに外国人、とくに欧米人にはなぜか軽装登山が多いそうだ。短パンにTシャツ。スニーカーのような靴。

中にはいくら雨が降っても雨具もつけない男女がいたりする。

しかし外国人登山者の事故は意外に少ないのだという。

「やっぱり彼らはタフなんだね。とくに寒さには強いみたいなんだ。だけど、北岳はアプローチや行程が長いし、たいへんな山だから、ちょっと見くびって登ってきた人なんかはさすがにつらそうだな。長時間、寒風にさらされて、冷え切ってガタガタ震えながら小屋に入ってくる人もいるよ。ただし快復力も凄くて、すぐに持ち直してさっさと行っちゃうけどね」

他の小屋のように、毎年、肩の小屋でもアルバイトが集まらずに苦労することが多い。

「だけど、さいわい常連のスタッフが来てくれるし、何とか集まってくれるんだよ。それに顔なじみがそろうことが多いから、安心して仕事を任せられるのがいいね」

毎年、小屋開けは六月初頭。

通常は一週目ぐらいだが、天候によっては二週目にずれ込むこともある。

「最低、五、六人はスタッフを確保してあるんだけど、状況によっては七、八人必要なこともあるよ。とくに雪が多い年はそれなりの人数が必要になるんだ」

ヘリの初荷揚げとともにスタッフを小屋に送り込む。

最初の仕事は、とにかく雪かきだ。

総力戦でかからねばならない。

「いちばん深かった年は十二メートルも積もってたな。小屋が完全に埋まっていて、スタッフが小屋にやっと入れたのは二日目になってからだった。最初の晩は、雪洞を掘ってビバークしたんだよ」

それから一週間ぐらい、毎日毎日、雪かきのくり返しだったという。

「小屋の入口は当然として、トイレとか、必要なところからまず掘っていくんだ。そうしないと自分たちの生活が成り立たないからな」

ようやく小屋の周囲の雪かきを終了すると、今度は水の確保となる。

小屋開けの直後は、水場の雪も深くて揚水できないため、ペットボトルのミネラルウォーターをまとめて荷揚げしておく。が、いつまでもそれに頼ることはできないため、雪解けを待って水源から導水する作業にかかる。

何本もの重たいホースを繋《つな》ぎ、小屋がある稜線のずっと下にある水場まで引いてゆく。

エンジン式の発電機を始動して水が昇ってくるとホッとする。

肩の小屋は基本的には、天水といって雨水を溜めたものを使う。洗いものやトイレの水、スタッフたちのシャワーにあてる。飲用の水だけはきれいなものが必要だから、水場から引いた水をポンプアップして使っている。

発電機を回してポンプを動かすから燃料を食うし、やはり必要最低限にしか回さないそうだ。

北岳では、山小屋は総じて冬季シーズンは閉鎖するが、冬季小屋として一部屋ぐらいが登山者に開放される。肩の小屋も例外ではない。

しかし北岳の冬季登山のルートは池山吊尾根《いけやまつりおね》がメインとなるため、頂上の反対側にある肩の小屋を使う登山者はめったにいないという。

「ごくたまに、雪が降らないときに使う人はいるよ。だけど、毎年、小屋開けをしてみると、冬季小屋が使われた形跡はほとんどないなあ。積雪期は出入口が埋もれてしまうし、たとえここで宿泊する人がいても、外でテントを張っているんだろうと思う」

さらにいえば、肩の小屋で宿泊するとなると、小太郎尾根を辿って草すべりを通ることになる。が、バットレス直下にある大樺沢とともに、ここは冬場、雪崩の巣である。冬山をやる登山者の間では、それは常識となっている。一九九九年の春、草すべりの底雪崩によって先代の白根御池小屋が崩壊したのは有名な話である。

実際、数年前に、草すべりの途中で雪崩に巻き込まれた人がいたそうだ。

たまさか自力で脱出できたというからさいわいだった。そんなこともあって、最近は冬季のバットレス登攀《とうはん》をするクライマーもほとんどいないそうだ。

登山人口は相変わらず多い。

しかし、登山のスタイルは時代とともに確実に変わってきている。

今は個人単位での登山が増えたと茂はいう。

不況が続いて生活が苦しくなり、仕事に追われる人々が、無理やり休暇を作って山にやってくる。だから余裕のないスケジュールの登山が多い。予備日を作っていない人が当たり前にいて、どんなに悪天候でも強行軍となるため、それが事故に繋がることがある。

「うちに泊まったり、休んでいく人たちはなぜかソロか家族連れが多いんだ。パーティ登山もいるにはいるが、近頃はとにかく小規模になったたね」

ツアー登山はもちろん今も行われるが、旅行会社が安全のために少人数のパーティでツアーを組むようになったそうだ。やはりガイドの目が届く範囲内でなければならないということだろう。

ところがツアー登山の場合、週末や連休を中心に日程が組まれていることが多いから、それでなくても混み合う時期に山小屋に宿泊することになる。お盆や秋の連休などには宿泊客が満員状態だ。

「他の小屋みたいに一枚の布団を何人かで分け合って寝るってことは、うちの場合はないんだけど、それでも狭いスペースに毛布やシュラフを敷き詰めるからね」

鼾《いびき》や歯軋《はぎし》りがうるさくて眠れず、登山者たちは熟睡できぬまま、疲労とストレスを抱えて山頂に向かい、あるいは下山していくことになる。

「小屋の経営者としては、なるべくお客さんには宿泊日を分散してもらいたいし、平日に日程が組めるならそうしてほしいところなんだけど、やっぱり日本人はどうしても職場に縛り付けられているから、そういう自由さみたいなものはなかなかないんだね」

一方で登山そのものの目的も変化してきたようだ。

漠然と北岳に来たかったからという登山者はたしかに多いが、最近は目的をもって山に来る人が増えたと彼はいう。

たとえば本格的にカメラや三脚を担いで山岳写真を撮りにきたり、ライチョウに会いたいと登ってきたり、高山植物の観察——とりわけ固有のキタダケソウを見にきたという人など。

そういう意味では大学山岳部のパーティが行列を作って登ってきたり、規模の大きなツアー登山のようなパーティが全盛期だった時代に比べると、登山のスタイルは多様化したということだろう。

肩の小屋の一日のスケジュールは、他の山小屋とほぼ同じだ。

朝は暗いうちから起きてスタッフがご飯の支度を始める。早起き当番はとくに決まっていないというが、三代目管理人として父から小屋を受け継いだ千尋はいつも真っ先に起きるし、茂の弟、聖治も同じ頃に起き出して働き始める。

「うちのスタッフはみんな早起きの習慣が身についてるね。仕事がなくても、みんなちゃんと起き出してくるし、自分から率先してあれこれと手伝ってくれる。そうじゃなければご来光を拝みに外に出てたり、朝の体操を自主的にやったりしてる。それにお客さんもみんな早起きばかりだよ。一番の人は四時過ぎには起き出してくるし、寝坊するような人はひとりもいない」

朝食は五時頃から出す。

起き出してきた客からあわただしく食べ始める。

そうして宿泊客をみんな送り出すと、全員で掃除にかかる。

すべての仕事が細かく当番制になっているわけではなく、とにかく自主性が重んじられ、全員がしっかり臨機応変に対応してくれるという。そのあたりが、常連スタッフが毎年そろうことのメリットかもしれない。

「晴れているときは布団をいっせいに外に出して、屋根の上に運んで広げるんだ」

さぞかし気持ちいいでしょうねと訊くと、茂は笑って頷《うなず》いた。

それから夕食の準備が始まる午後三時頃までは、スタッフたちの自由時間となる。

小屋周りの作業や修理が必要なときは、その時間に行うが、そうでない場合は基本的に何をしてもいい。頂上まで登ってくる者、花の写真を撮りにいく者など。

先に話の出た〝山頂ダッシュ〟は、他の登山者に迷惑をかけないよう、小屋の宿泊者たちを送り出したあと、朝の休憩時間を見計らって行っているそうだ。

午後五時に食事を出し、その後、片付けが終わるとその日の仕事は終了となる。

早い就寝時間まではくつろぎのひとときだ。

土間に置かれたダルマストーブを囲んで、みんなで団欒《だんらん》の時間をもつ。

いかにも酒豪の山男という感じの茂。しかし意外にも彼はあまり酒を飲まないそうだ。

「俺があまり飲まないから、周りのスタッフが気を遣ってくれてるところはあるみたいだね。だけど、酒好きなスタッフはいるし、あまり混んでないときにお客さんと懇談しながら飲んでみたりとかね。とくに厳しいルールは作ってないんだ」

それでも夏場の暑い日など、茂は仕事の合間、たまに生ビールなどを飲むことがある。外のベンチに持ち出して、遠い富士山を眺めながら飲むときは、格別なのだそうだ。

「親父から俺の代に替わったのは、いつ何時っていうんじゃなくて、いっしょにやっているうちにいつの間にか自分がメインになっていたんだな。それと同じように息子の千尋も、俺の手伝いをしてくれているうちに、自分から小屋を仕切るようになっていた。だから二代目、三代目っていうが、この小屋に関していえば、あまり代替わりっていう実感はないんだ」

そんな茂は、肩の小屋から遠くに見える富士山の姿が好きだという。
日本で二番目に高い山の肩から眺める、日本一の山、富士山。
何という贅沢《ぜいたく》だろうか。
「毎日、見ていて飽きないんだよ」
葛飾北斎《かつしかほくさい》の代表作『富嶽三十六景』の一図『凱風快晴』。
そこに描き出されたのが有名な赤富士である。
何年か前に、あの絵画とそっくりな富士山をたまたま目撃したときは、本当に驚いたそうだ。

「北斎も、これと同じ富士山をきっと見ていたに違いないと思ったね」

西日が真正面から富士の山腹を赤く染めて、中腹から下が蒼《あお》い影になる。

その絶妙な二重構造に、茂はしばしば我を忘れて見とれたという。

「とにかくその日、その日で、富士山がまるで違って見えるんだよ」

富士山ばかりではなく、太陽の姿も千変万化する彼はいう。

日に暈《かさ》がかかったり、平らな虹を作り出す環水平アークなど、珍しい現象をまれに見ることがある。また雲間に太陽が隠れているとき、そこから放射状に光条が広がる〝天使の梯子〟も美しい。

そんな中で茂が見たのは、旭日旗そっくりの太陽の姿だったという。

太陽そのものから無数の光が全方向に、直線状に伸びて広がっていたそうだ。

「一本か二本ぐらい、太陽から光が直線に伸びるのは何度も見てるんだよ。だけど、あんなに四方八方に向かって光線が出てるなんて初めてだったな。きっと何十年に一度あるかないかのことだと思うんだよ」

そんな千載一遇のチャンスに巡り会える。

標高三千メートルにある北岳肩の小屋だからこその奇跡なのかもしれない。

そればかりか、ここからの景色も素晴らしい。八ヶ岳、甲斐駒ヶ岳、中央アルプスに北アルプス。そして富士山。日本を代表する美しい高山が、ここにいれば手に取るように眺められる。

のみならず森林限界が高いから稜線近くまで緑があり、さまざまな樹木、草などがあり、森の中には動物たちが数多く棲息している。

「本当にここは素晴らしい場所なんだなあって思う。だから毎日の仕事に充実感を覚えるんだ。俺にとって、やっぱりこの北岳はいちばん好きな山なんだよ」

世界一、満足できる職場。それがここ肩の小屋なのだと茂は笑った。

3

戦後から徐々に登山人口が増えていき、いつしかブームとなっていった。

日本で二番目に高い北岳もその例外ではなく、アプローチの不便さにもかかわらず、大勢の登山者たちが訪れた。野呂川沿いに南アルプス林道が完成して整備されると、この山にやってくる人々はさらに増えていった。

そうなるといやでも事故が多くなる。

頂上付近で遭難し、あるいは怪我《けが》をした登山者を自力で担ぎ降ろしていた森本録郎が、ここに中継点のようなものがあれば——と願い、長い年月をかけて造ったのが北岳肩の小屋だ。その二代目管理人だった森本茂にとっても、この山小屋は遭難救助になくてはならない要所だという実感が強い。

たとえば富山県警のように現場近くに警備派出所があり、警備隊員たちが夏山常駐しているならともかく、基本的に地域課の警察官である救助隊員は、遭難救助の要請があって初めてそれぞれの署から出発することになる。むろん今はヘリコプターが活用され、一気に現場に到着し、救助することが可能だが、悪天候などでフライトできない場合は、どうしても足を使ってそこまでゆかねばならない。

となると、やはり山小屋の存在は遭難救助にとって大きな意味を持つ。

何しろ遭難現場にいちばん近いところにそれがあるからだ。


ある年の十月、早朝だった。

北岳の登山道である草すべりを登り、小太郎尾根に到達したとき、頭上からヘリのローター音が聞こえた。筆者が思わず見上げると青い機体に赤い首輪——山梨県警航空隊のヘリ〈はやて〉である。

小さな機影がちょうど肩の小屋がある辺りの上空でゆっくりと旋回すると、徐々に降下していくのが見える。ヘリがランディングする前に機首の向きを変えるのは、テールウインド（追い風）を受けながらの降下は対気速度の低下につながり危険だからだ。

警察ヘリが荷揚げをすることは絶対にないため、事故だなと直感した。

小太郎尾根の稜線を辿《たど》るうち、〈はやて〉はふたたび離陸した。そして筆者のちょうど真上を通過すると、東に向かって芥子粒《けしつぶ》のように小さくなっていった。

しばらくして肩の小屋に到着し、ザックを降ろした。

小屋の扉を開くと、受付窓口に立っていた森本茂を見かけて挨拶する。

思ったとおり事故だった。彼にその話を聞いた。

その朝、宿泊の登山客らを送り出し、部屋の掃除や片付けなどを終え、多忙な時間がやっと終わろうとしていた。気晴らしにスタッフのみんなと表に出て景色を眺めていると、ひとりの女子スタッフが頂稜に向かうトレイルの途中に小さなザックがあるのをめざとく見つけた。

小屋から百メートルぐらい上の中腹だったという。

ふつうはあんな場所に荷物をデポ（残置）するはずがない。とにかく回収してこようと、茂の息子である千尋がトレイルを登っていく。その現場に到着すると、驚いたことにザックの近くに登山者が倒れていた。

中年の男性であった。

「千尋が小屋に担いできたとき、すでに意識がなくてね。瞳孔が開いてたんだ。ＡＥＤを使って蘇生を試みたがダメだったんだよ」

茂の話を聞きながら、小屋に到着する寸前にそんなことがあったのかと驚いた。

筆者が小太郎尾根から目撃した〈はやて〉は、その登山者を搬送していったのだろう。

けっきょく搬送先の病院で男性の死亡が確認された。心臓麻痺だったようだ。

茂との談話を終えて肩の小屋を出た。

いったん頂上に立ってから、ピストンで同じルートを降りてきた。その途中、ちょうどまさに男性が倒れていたと思しき場所に手袋が、それも片方だけが落ちていたので拾い、小屋に届けた。

要救助者のものだったらしい。

手袋を回収できなかったほど、現場は切羽詰まった状況だったのだろうと想像できた。あらためて山岳事故の怖さを思い知ったのだった。

登山道での事故――怪我や疾病《しっぺい》が多いと茂はいう。

人間は油断しているときに失敗をする。登山者は緊張を強《し》いられる急峻《きゅうしゅん》な難所よりも、ダラダラと上り下りするだけの坂道で転倒して骨折したりする。あるいは病気の兆候があるのに我慢をしてしまい、途中でダウンすることもある。無精《ぶしょう》にも地図を持ってこなかったり、早とちりやおっちょこちょいな性格の人が道迷いをする。

ある日、肩の小屋の携帯電話に連絡があった。

男性の登山者だったが、自分がどこにいるかわからないという。

「それでいろいろと聞いてみたら、どうも枝尾根に入って小太郎山のほうに行っちゃったらしいんだな」

そういって茂が笑う。

小太郎山は北岳の登山ルートから北に外れた独立峰である。

尾根を歩く人が、分岐点にザックを置いて空身で往復することがあるが、ごくまれにうっかり道を間違えたり、ガスでルートがよく見えないときにそちらへ踏み込んでしまうようだ。

けっきょく、その男性は尾根道が行き着くところまで行ってしまい、「小太郎山」と書かれた道標を目にし、ようやく自分がいる場所がわかったという。すぐにまた肩の小屋に報告の電話を入れ、事なきを得たそうだ。

人間の感覚というのは意外なほどに狂うことがある。とりわけ思い込みは判断ミスに繋がりやすい。

筆者が白根御池小屋を出てから二俣《ふたまた》経由で大樺沢を登っていたときのことだった。前方を四人の登山者が歩いていた。先頭は中年の男性。やや距離を置いて若いカップル。さらにそのあとに若い男性。パーティではなく、それぞれが別々に登っていた。左俣コースというそのルートは、基本的に大樺沢の左岸（つまり上流から見て沢の左側）を辿る。ところが先頭を歩いていた男性が、何を思ったか、ふいに沢に降りて対岸を目指して徒渉《としょう》を始めた。

何か珍しいもの——たとえば高山植物でも発見して道を外れたのかと思ったが、男性はどんどん沢を横切り、向こう岸付近を登り始めた。すると彼の後ろを歩いていたカップルが同じように道を外れて対岸に向かい、しんがりを歩いていた男性までそれを追うように沢を渡り始めたではないか。

これはルートを間違えたなと思って、筆者は大声で呼び戻そうとした。ところが、開けた場所ではなかなか声が届かない。

「おーい、おーい」と何度も叫ぶが、彼らは気づかずに対岸をどんどん登っていく。のみならず、いちばん先頭の男性が大樺沢からさらに外れて、吊尾根に向かう小さな沢に足を踏み入れ、そこを登り始めたのである。

これはまずいと、さらに声を張り上げた。

ようやく最後尾の若い男性が気づき、こちらに振り向いた。

道を間違えていると両手でバツ印のゼスチュアを送り、こっちに戻るように指示した。若い男性はそれを理解して、彼の前を歩いていたカップルに声をかけ、さらに枝沢に入っていこうとした男性も、やっとのことで気づいてくれた。

四人は無事に正規のルートまで戻ってきた。

最初に振り向いた若い男性がしきりと詫《わ》びてきたが、こちらはさすがに冷や汗を掻《か》いた。目の前で道迷い遭難をしかかった人、それも複数を目撃したのは初めてのことだった。

おそらく先頭を歩いていて道を外れた男性は、思い込みによる錯誤ゆえにルートを勘違いしたのだろう。あとの三人は無意識にそれに従った。

一種の正常性バイアスだといえる。

すなわち異常を異常として認識せず、それが正しいに違いないと思い込んでしまう感覚。つまり前方にいる人が明らかにコースを外れても、疑念を抱かず、あとの全員が間違いに気づかないまま、それに従ってしまうという行動をとった結果だった。


そんなことを話していると、茂がふいにこういった。

「大樺沢の上部にあるバットレス沢との出合《であい》なんか、とくに間違えてルートを外れてしまう人が多いよ」

バットレス沢とは、大樺沢の左岸にある小さな沢だ。

文字通り、北岳バットレスの直下にあって、ふだん水は流れておらず、涸《か》れている。あの標高差六百メートルの大岩壁を登攀するクライマーたちが辿るルートである。

一般の登山者が間違って迷い込まないよう、分岐点の岩肌には、赤ペンキで進入禁止を示すバツ印が記されているのだが、それに気づかず、正規ルートだと勘違いして入って行ってしまう者がいるそうだ。大勢のクライマーたちの靴痕《あと》や踏み痕が岩の間に残っているし、ルートもしっかりしていて行きやすいように見えるから、なおさらだ。

そうして登りつめていくと、バットレスの取り付きとなる巨大な下部岩壁に行く手を阻まれて、さすがに間違えたと気づいて引き返すようだが――。

「道に迷ったとわかったら、辿って来たルートを素直に引き返すべきなんだ。ところが、そのまま行けば、また登山道に出るだろうなんて思い込む人がいる。だから、迷った道からさらに外れて、どんどん外れて行ってしまう。そうなると捜索依頼が来て捜そうにも、なかなか見つからないんだ」

今は携帯電話が普及しているので、迷った本人と連絡を取り合いながら捜索ができる。

それでも、自分がどの辺にいるかとか、目の前にどんな景色があるかとか、そんなことを訊ねても、本人がパニックを起こしていたりして正確な情報が取れないらしい。

そうした道迷いのおかげで、本来、捜索隊も足を向けないような場所で、何年も前に事故で亡くなった遺体が偶然、発見されることもあるという。

「最近、目立つのはパーティ登山がバラバラになるケースだね」

茂のみならず、それは他の山小屋の管理人からもよく聞く。

複数のメンバーで構成されるパーティが歩いているうちに、体力や足の速さの違いでだんだんとばらけてしまう。誰かが遅れたら、前を行く者は足を止め、本人が追いつくのを待つのがセオリーだが、それが完全に分散してしまうのだという。

自分は足が遅いから、先にどこそこの山小屋で待っていてくれとかいう。ところがその合流点で再会できないケースがしばしばあるらしい。

「中学生ぐらいの息子が父親とふたりで登ってきたんだ。ところが息子のほうが若くて足が速い。父親は肩の小屋で待っているようにと息子にいったんだが、どうしたことか小屋で父親を待たずにそのまま頂上に向かったんだよ」

苦労してようやく肩の小屋に到着した父親は、そこにいるはずの息子がいないので焦《あせ》った。頂上に到着したがやっぱりいない。仕方なく反対側にある北岳山荘まで足を延ばしたが、そこにも息子の姿はなかった。

「むりに体を酷使したせいか、足がもつれたんだろうな。父親は八本歯のコルで転んで骨折をして救助されたんだ。若い頃は登山をよくやって自信があったそうだが、長いブランクはやっぱり体力の低下をもたらすんだね」

けっきょく息子はひとりで下山していたという。


同じ道迷いでも、自分自身の性格に起因するトラブルもある。

方向音痴という人がまれにいるのである。

肩の小屋の幕営指定地に四人パーティでテントを張っていた五十代の女性が、夜中にひとりで起き出してトイレに向かった。用を済ませて戻ろうとしたのだが、どうしても自分のテントに辿り着けない。

うろうろと岩場を彷徨《さまよ》っているうちに、へたり込んでしまったようだ。

その晩はガスが濃かったという。それで方角がわからなくなってしまったらしい。

「本人は警察に電話を入れたんだよ」

連絡を受けた地元の警察も困った。肩の小屋は消灯時間を過ぎると電源を落とす。そうすると小屋の電話が通じなくなる。そのため警察から小屋に救助を要請することができないのである。

「朝の四時になって小屋の電源を入れたとたん、警察から電話が来た。テント泊の女性がそこらで迷っているから、早急に助けに行ってくれっていう。本人の名前もわかったから、すぐに出かけていったよ」

茂は遭難した女性と携帯電話で連絡を取り合いながら捜索した。

それでもなかなか見つからない。

「斜面を下りてったっていうんだが、尾根のどちら側を下りたかもわからないんだ。

たぶん左側ですなんていってくるから、そっちに行ったよ。大声で名を呼びながら捜《さが》すんだが、相手の返事は聞こえないし、困ったなあって、いったん尾根に戻ったんだ」

本人との電話を続けながら、茂は捜索を続けた。

ようやく斜面の下のほうから女性の声が聞こえて、彼は急いで下りていった。

ハイマツの中にぽつんと座り込んでいたという。

「ガスが濃かったから、テントを出るときに雨具を着込んでいたんだよ。だから衣類が濡れず低体温症にならなかった。それにじっとその場に留まっていたのも正解だった。下手にあちこち移動されると、見つけるほうも大変だからね。そのうちに足を滑らせて崖から落ちることだってあるし——」

女性をなだめながら小屋に連れて帰った。

熱い飲み物を出してゆっくり飲ませながら、茂は彼女から事情を聞き出し、迷った状況を把握してから、警察に報告の連絡を入れたそうだ。

遭難した当人が生還できるならまだいい。

山で亡くなる人はあとを絶たない。

よりによって北岳の山頂から足を踏み外して転落した人もいたという。

パーティの登頂の記念写真を撮ろうと、メンバーのひとりがカメラをかまえながら後ずさりし、全員が枠に入ったところでシャッターを押したとたん、バランスを崩してバットレス側に墜《お》ちた。

「あとで回収されたカメラには、みんなの集合写真がきちんと撮れていたそうだ。残った者たちは辛かっただろうね」

そんなことを語る茂の顔からは、いつしか笑みが消えている。

バットレス登攀中の事故もあった。岩がもろくなっている場所で落石を受けたり、ハーケンが抜けてフォールしたり。自分たちの技量よりも難しいルートを選んでしまい、途中で身動きが取れなくなるケースもあるそうだ。

その事故は、台風の接近中に発生した。

四十代の男女だったという。

自分たちは台風が到達する前に登攀を終える予定だったのだろう。ところが途中で立ち往生となった。進退窮まった挙げ句、携帯電話で救助要請をしてきた。

当然、悪天候でヘリも飛べない。

「出動したのは千尋だった。あいつはいつも鍛えてるからね、フル装備で小屋を飛び出していったよ。息子は岩場のクライミングもプロだからいいけど、他のスタッフはこういうケースにはなかなか出にくいんだ。だから、他の山小屋からも応援が出たんだよ」

ところが現場に駆けつけたときは台風の猛威がすさまじく、とてもロープを張っての救助はできなかった。むりをすれば二次遭難に繋がってしまう。だから千尋たちはやむなく撤退するしかなかった。

翌日になって台風が通過し、風雨が収まった頃合いを見て、ふたたび現場に向かう。

「通常のケースだと、バットレスでの遭難救助は下部岩壁の取り付きから登って現場に行くんだ。そのときは場所が場所だったし、息子たちは頂上付近からロープを落とし、懸垂下降で下りたんだ」

そんな苦労の果てに、ようやく要救助者がいる岩場に到達した。

残念なことに、すでにふたりは亡くなっていたそうだ。激しい雨風に長時間さらされたための低体温症が死因だったという。

生きていてほしい。いつもそう思いながら、現場に駆けつける。

ところが要救助者が遺体となって発見されたときのつらさ。長年、山岳救助をやってきた父の録郎とともに、その気持ちは茂も知り尽くしている。そして三代目として小屋をついだ千尋もまた同じだろう。

「俺はね、いつも口を出さないんだ。千尋のやり方は完璧に近いと思ってるからね。実際、あいつはこの山に精通しているよ。北岳を知り尽くしているといっていい。だからすべてを任せていいと思ってるし、何か気づいたときとかでも押しつけたりしないことにしているんだ。俺が何かいうと、あいつへのプレッシャーになるかもしれないからな」

山小屋の管理人が大変な仕事ということは、茂も自身の経験を通していやというほどわかっている。だから、あえて自分から息子にはいわない。

「息子が救助現場に行くときは、やっぱり心配するよ。あいつはとにかく熱心すぎて、自分の身を顧《かえり》みずに無茶をすることがあるからね。親としては助けの手を出したい気持ちはあるんだ。自分の身が安全であってこそ、初めて他人を助けることができるってことを経験を通して知ってるからね。だけど、一方であいつの実力を信じたいという気持ちもあるんだ」

肩の小屋は、個人が切り盛りする小さな山小屋だ。

これまでやってきた経営形態を、この先も変えるつもりはないと茂はいう。集客を増やし、小屋を大きくしていって、客の顔が見えなくなるより、これぐらいの規模で客ひとりひとりに目配りができるほうがやりやすい。

逆に、この山小屋がそんなかたちでずっといるからこそ、リピーターの客も足繁く来てくれる。そこが大規模経営の山小屋とは違うという茂。

「自分が元気でいることが大事なんだ。だから常連さんが来てくれる。それがこの肩の小屋の色だと思うんだよ。俺から息子の代に替わってあいつに任せるようになったが、その色はこの先もずっと変わらないと思うなあ」

そういって笑う茂の顔を見ながら、筆者も同じことを思う。

たぶん次に北岳に行くときも、肩の小屋の扉を開くだろう。

何よりも受付カウンターの中に立っている森本茂に会いたいためだ。そして弟の聖治、ふたりのあとを継いで小屋を管理している千尋の顔を見て、「こんにちは。また来ましたよ！」と挨拶をしたいからなのだ。

会いたい人がいる山小屋。

北岳肩の小屋は、まさにそんな山小屋なのだと思っている。

森本茂・千尋親子の家は、南アルプスへの玄関口である芦安の谷間、山懐にひっそりとあった。

新たにインタビューをしたのは三月下旬、今年は桜の開花が例年よりも早く、ヤマザクラすらも咲き始めて、周囲の山肌はピンクと緑の斑模様になっていた。

坂道を登ってゆくと、玄関近くにいる甲斐犬が、威勢よく吠えて出迎えてくれる。

「やあ、いらっしゃい」

標高三千メートルにある肩の小屋で会ったときと変わらぬ人なつこい笑顔で、茂は夫人とともに筆者を迎えてくれた。

なんと大正時代に建てられたという見事な古民家であった。

建築材の多くがケヤキだという。

畳の間に通されると、初代管理人の森本録郎を始め、先祖の遺影が入った額が天井近くの鴨居に並んでいて、子息の命名が記された奉書紙も古びた梁に並べて下がっていた。その中にはもちろん茂のあとを継いで三代目管理人となった千尋の名もある。

そういえば時節柄、立派な雛《ひな》飾りも置かれていた。

思わずかしこまって座卓の前で正座していると、「まあ、足を崩してください」と笑われた。美味しいお茶とお菓子をいただきながら、話をうかがえた。

肩の小屋は二〇二二年秋に本格的にリニューアルオープンした。

今回、肩の小屋の建て替えを考えたのは茂だったという。

「もともとうちの小屋は父の代から、必要に応じて少しずつ修繕してきたんだ。それがこのコロナ禍をきっかけに、思い切って大きな改造をしようと思った。というか、この時期だからこそ、どうしても感染予防のために必要だったんだな」

二〇二〇年度は、新型コロナ感染拡大のせいで北岳の登山道が閉鎖となり、すべての山小屋が休業を余儀なくされた。では、ちょうどそのときに改装工事をしていたのかと訊ねると、そうではないという。

「あの年はまだ工事を始めていなかった。千尋が維持管理とか、登山道のパトロールのために何度か登ったぐらいだった。息子がひとりで頑張ってくれて助かったよ」

工事は翌二〇二一年から始まった。

「決まった期間での工事だったから、早く完成するように一から十まで段取りを考えた。おかげで何のトラブルもなく、スムーズに建て替えができた」

ヘリコプターによる荷揚げは当然のこと、工事資材からショベルカーまで、最低限のパーツに分解し、三千メートルの山の上まで搬送ができたのだという。

「同時期にやってた北岳山荘は、本格的な重機を運び込んでいた。うちは小型ユンボ（ショベルカー）だけで大丈夫だった」

あとは天候次第だったそうだ。

山岳地帯での工事はとかく天気に左右される。突然の雨風、そんな中でむろん工事の強行はできないため、空が荒れてくると職人たちは山小屋に避難した。

「とにかく天気には勝てないんだ。荒天になったら、みんなで回復を待つしかなかった」

それでも順調に工事が進んだのは、山馴れしている職人が多かったからだという。

「もともと知り合いの建設関係者ばかりだから、現場でのチームワークが良かったね。高い足場を組んで、まさに職人の技量を見せてくれた。腕のいい大工がそろっていたが、トビの仕事もちゃんとできる。寝泊まりもずっと同じ顔ぶれでいっしょだった。こういう仕事に馴れているから、みんなして建設現場の傍で寝起きしてたんだよ」

高所での危険作業もあっただろう。しかし、怪我人はいっさい出なかったという。

「あんな場所で怪我なんかしたら大変だろう？　作業もそれだけ遅れるし。だから、そんなことにならないように、ちゃんとプロが集まってくれたんだ」

そうして二〇二二年秋、肩の小屋の改修工事は予定通りに無事終了した。

筆者もちょうどその頃に訪れたが、改修というよりも、一軒まるまる建て直したような変貌を目の当たりにして驚いた。

「基礎部分の面積は変えていない。高さと、間取りを大きく変えた。収容人数を増やしたり減らしたりするつもりはなかったから、とにかく内部構造を大きく変えてみたんだ」

新しい肩の小屋は内部空間が広い。天井が高くなり、風通しを良くして空気の流通を考えた構造になっている。

現在、北岳にある多くの山小屋はネット予約がメインとなってきたが、肩の小屋にかぎっては、あくまでも電話での受付と応対にこだわっている。

「やはりお客さんとも直接のコミュニケーションが大事だと思うんだね。今の北岳の天気だとか、いろんな情況をお話しして、登山者の安全を図るということが大切なんだ」

たしかにネット予約は手早くて便利だが、一方で弊害もある。

「うちだってたまに、安易にキャンセルしてくるお客さんがいるからね。きっと麓のホテルや旅館と同じような感じで気軽に予約されるんだと思う。もちろん悪天候の最中に無理に登ってこられても事故につながるから、キャンセルはやむを得ないんだ。だから、受け付けるわれわれの側も、天候などの気象条件や環境に注意してお客さんを案内しなきゃいけない」

もちろんコロナ禍のさなかでもあるし、感染防止にも気を遣う。

筆者が泊まったときも、寝袋またはインナーシーツ持参が条件で、直に寝具が体に触れないように工夫されていた。また各部屋にはパーテーションが立てられ、そこで眠る客同士も距離があり、空間の余裕が作られている。

宿泊客である登山者たちも、最近はずいぶん形態が変わってきた。

これは何度も書いてきたことだが、それぞれのスタイルで独自に山を楽しもうという趣向が広がり、ことにソロ登山者が増えた。若い女性のテント泊による単独行も、今では当たり前に見られる。それはコロナ禍以後にキャンプブームがあったり、現実から離れた場所で、ひとりの時間を見つけたいという思いがあると茂はいう。

かといって、山に来たという解放感から、常識外れに浮かれ騒いだり、酔っ払って迷惑をかけたりする客は、まずいないそうだ。

「昔からうちのお客さんはわきまえているというか、羽目を外したり、ひどいマナー違反なんかはなかった。酒を飲み過ぎてどうだとか、そんなトラブルもない。何しろ朝は早立ちが鉄則だし、他のお客さんたちもいるし。だいいち標高三千メートルの場所で下手に酔っ払うわけにはいかんからなあ。それをみんな、わかってくれているんだね」

一方で、相変わらず遭難事故は毎年のように多発する。

去年も何件か、肩の小屋から救助のメンバーを出発させた。

「突然、救助の要請が入ってくるからね。たとえ夜中でも、千尋がスタッフを連れて現場に駆けつけるよ」

標高の高い場所だから心臓疾患などの病気による遭難が多いという。入山前は平気でも、過酷な環境にさらされて持病が突発的に発作となって出てしまう。

日のあるうちで天気が良く、ヘリが飛べればいいが、そうでなければ担架や背負い搬送となる。

それでなくても多忙な折にたいへんな労苦だ。つらくはないですかと訊いた。

「つらいというか、千尋は救助活動が自分の使命だと思ってるんだ。だから、要救助者が助かったときなんか、達成感みたいなものがあるんだろうね。オフシーズンも、あいつは要請があれば、あちこちの山に救助に出かけてるし、ふだんから登山道の整備に努力もしてるんだ」

インタビューを続けるうち、話題は自然と犬のことになった。

筆者自身、複数の犬を飼っていたし、犬をテーマとして扱う小説作品も多い。他ならぬ茂自身、犬をこよなく愛してやまぬ人生である。

「うちはこれまで何十頭も飼ってきたからね」

その多くはやはり甲斐犬だという。

芦安は甲斐犬の故郷であり、古くからこの土地で狩猟犬として山に生きてきた犬種である。そのためか、やはり茂にはなじみ深いのだろう。

「やっぱり日本の山には日本の犬が合うんだよ。足腰が強くて、バランス感覚がいいから、険しい山の地形に向いている。しかも絶対に迷わないからね。近頃はドローンが山岳救助に配備されるという話もあるが、たとえば深い藪の中に倒れている人を見つけるのは、やはり犬の鼻が頼りになるんだ」

かつてスイスで、首輪にブランデーの入った小さなタルを付け、四十人もの遭難者を救助したことで知られるセントバーナード犬〝バリー〟は有名だし、今でも海外の諸国で山岳救助犬は当たり前の存在だ。

ひるがえって我が国はどうか。信濃大町に本拠を持つ救助チームACTでは、雪崩救助犬が実戦配備されている。また、『侮《あなど》るな　東京の山』――金邦夫《こんくにお》・著（ヤマケイ文庫）に書かれているように、奥多摩の山岳遭難において現地の警備犬が出動しているという事例がある。しかし、あくまでもレアなケース。国内の山でそれがなかなか実現しないのは、やはり犬と人との距離感が海外ほど近くないため、いろいろな誤解や軋轢《あつれき》が生じているためだろう。

かつまた、狭くて険しいという日本の山岳地帯の形状がある。水平方向に広がる欧米の山々と違って、日本の山は狭い国土に垂直に、しかも急峻に立ち上がっている。いかに四肢が躍動する犬とて、かなり過酷な環境となる。

しかも今は規制があって、それがたとえ人命救助という目的であったとしても、おいそれと犬を高山地帯に入れるわけにはいかなくなった。フィクションのように、救助犬が自在に山を走り回って活動をすることはさまざまな弊害がある。人が登るだけでも自然に対するインパクトが過負荷となっているのに、そこに犬が加わればどういうことになるか。

「そういえば最近は温暖化もあって、ライチョウを食べる動物がうちの山小屋の辺りまで登ってくるようになったたな。毎年のように、ライチョウを楽しみに登ってくるお客さんがけっこういるんだけど、最近は〝見かけないですねえ〟なんていわれて寂しくなる」

今では信州大学名誉教授で、国際鳥類研究所の中村浩志《なかむらひろし》氏を始め、有志による熱心な保護活動があり、猟友会による捕食獣の駆除も高い山でも行われるようになったが、それでもなかなか被害を抑えられない。

「生態系のバランスがすっかり崩れたんだよ。ライチョウがいれば獣が居着くし、いなくなれば移動するだけ。もちろん（ライチョウが）増えてくれることは期待してるけど、それだけ獣も登ってくる。イタチゴッコという奴だな。千尋も狩猟免許を取って猟をするが、毎年の被害は相変わらず深刻だなあ——」

ちょっと口に出しにくい質問だが、あえて最後に投げてみた。

——これからご高齢になって、体力的に山に登れなくなることもあるでしょうけれど、そうした未来に対する不安などは？

すると茂は、いつもの快活な笑顔でこういった。

「不安なんてないよ。足腰が弱って山に行けなくなったら、それはそれで麓で自分の生活をするだけだな。自分の父親もそうだったし、行ける範囲でそこらの低い山に入ったり、畑仕事をしたりするよ。あとは千尋に任せておけばいい」

つまり、代々、山小屋を継いでいくということですねというと、彼はまたとっておきの笑顔を見せた。

「なにしろ、山小屋は家業みたいなもんだからね。千尋の次は、また孫が継いでくれたらいい。そりゃ、無理にやれってもんでもないが、でもまあ、きっと継いでくれるんじゃないかな」

茂の人なつこい笑みは、親子で山に生きてきて、泣き笑いをともにしてきた証であるだろう。

文庫版追記②

森本千尋は、小学校の頃から山になじんでいた。

夏休みになると母に連れられ、父・茂のいる肩の小屋に登った。もっぱら小屋の周辺が子供時分の遊び場だったという。

「とくに山が好きだからというわけではなかったんです。たんに山にいる父に会いに行くという感覚で登っていたんですね」

千尋は微笑《ほほえ》みながらそういった。

中学の頃には体力も向上して、ひとりで登るようになっていた。高校では陸上部に入り、駅伝をやっていたが、大学の頃から山岳競技に目覚め、本格的なクライミングにのめり込んでいく。

平地を走るよりも山岳のほうが自分に合っていたと、千尋はいう。国体の強化選手に選ばれたこともあり、その練習がてら、ボッカで山小屋まで重たい荷物を届けていた。

「とくにトレーニングを意識していたわけじゃないんですが、山は〝走るための場所〟というふうに認識していました。単純に楽しかったんです」

そんな彼が大卒後に選んだ進路は陸上自衛隊だった。

市ヶ谷駐屯地にある第三〇一映像写真中隊――その珍しい名称をうかがって、筆者は興味を持った。ホームページを覗くと、〝第301映像写真中隊はシステム通信団の隷下部隊であり、陸上幕僚監部及び陸上総隊の為の映像写真の撮影、編集及び処理を任務とする、陸海空自衛隊において最大且つ唯一の映像写真専門部隊です〟とある。

自衛隊の中でも、写真や動画の撮影などを担当する部隊というのは初耳だった。

もともと母親の実家が写真館だったそうだが、それよりも適性で所属部隊が選ばれたのだという。

「いちばんキツい職に就《つ》こうと思ったんです。最初、両親は反対してたんですけどね。入隊後の新隊員教育訓練の六カ月は、さすがにキツかったけど、配属されたこの部隊は思ったほどでもなく、それなりに充実した隊員生活が送れたと思います。あとあと考えたら、やっぱり自衛隊に入って良かったと思ったし、けっきょく両親も喜んでいました」

その自衛隊時代に調理師免許も取得した。

「自衛隊員は基本的にどこでだってご飯が作れないとダメですから」

もちろんそうした自衛隊での経験が、今の山小屋の仕事で大いに役立っているのはいうまでもない。

二年後、除隊して今は即応予備自衛官。有事に備え、自衛隊員としてのスキルを落とさないため、年間三十日の訓練に参加しなければならない。そうした中、父親を継いで、三代目管理人として北岳肩の小屋を任されることになった。

自衛隊にいた頃から、自分が父のあとに山小屋を管理することになるだろうなと、なんとなく思っていたという。

しかしながら、父から仕事を厳しく教えられたという記憶はない。

「何しろ、いつもいっしょに小屋にいましたから、父がやっている仕事を見て、自然と覚えていたんですね。とくに何かを教わったり、あえて学んだりしたということはありません。十何年も経ってみたら、自然となんでもできるようになったという感じです」

小屋の仕事がつらいと思ったことはないという。自分は体質的、体力的に重労働に向いているし、どんな苦労があってもそれを前向きに解釈するポジティブ思考。たとえば何かが足りなくなって急遽、麓に取りに下りなければならない場合も、「いいトレーニングになる」と思う。自分を鍛えることが好きだし、ノルマに対する義務感や苦痛がほとんどないそうだ。

肩の小屋といえば今、「豚肩ロースのステーキ」が人気だ。テレビで紹介され、たちどころに定番メニューとなった。小屋の夕食時に筆者もいただいたが、柔らかくて実に美味しい。焼き加減が絶妙だし、地元の業者から仕入れるという、もともとの素材もいいのだろう。

「うちの小屋ならでは、という名物が欲しかったんです。もともと肉料理が好きだったし、どうせなら〝肩〟という言葉に掛けたいなと思ったら、パッとそれが浮かびました」

味付けは二パターンあり、チャーシューも作る。

もちろんベジタリアンやヴィーガン、あるいは宗教上の理由などで肉が食べられない外国客には、魚など別メニューも用意されている。

山小屋の一日は、父親の頃から基本的に変わることはない。

朝、五時から宿泊客たちの朝食がスタートするので、本人は三時半には起きて、まずご飯を炊く。味噌汁などを用意している間にスタッフたちが起きてきて、手伝いを始めてくれる。

朝食が終わると、客たちがひとりまたひとりと出発する。彼らを見送り、スタッフ全員があわただしく朝食を取ると、客室の掃除や厨房の片付けを行う。夕食の仕込みも、このときから始める。

「午前中にやれることは、すべてやっておくということです。お昼になればもうお客さんたちが到着し始めるので、受付やご案内をしなければなりません。もちろん昼食の注文が入ればお出しするし、とにかく午後は忙しくなります」

夕食は混雑時は四時半ぐらいからスタートし、六時半頃にはすべて完了して、スタッフの食事となり、八時には消灯して山小屋の一日が終わる。

「生ビールなど、お酒の注文はありますが、みなさんは早寝早起きのルールを守ってくださるから、深酒もされないし、酒の上でのトラブルもまったくないんです」

何よりも父親同様、千尋自身が酒を飲まないため、まわりのスタッフたちも気を遣って飲まずに働いてくれるのだという。

コロナ禍以後、ソロキャンプが大きなブームとなった。

登山も例外でなく、稜線上の幕営地でも一人用テントがずらりと並ぶ。女性のソロ登山者も多くなった。

YouTubeなどネット動画の影響が大きいという。

筆者も若い女性が単独登山をする動画をよく見るが、いずれも大きなザックを背負って登り、手馴れた様子でテントを張っている。自撮りをしながら、マイペースで山を謳歌するその姿は、登山にも新しい時代が来たことを思わせてくれる。

北岳における各山小屋の宿泊も基本、予約制となった。

コロナ以前は「寝る場所が確保できない」とクレームが来たことがあるそうだ。しかし今、コロナ対策として小屋の改装がなされ、各部屋もパーテーションで仕切られた場所で寝るようになったおかげで、昔のように最盛期、一枚の布団にふたりとか三人で寝るという事態はさすがになくなった。客同士のトラブルもまずない。アジア各国など外国から北岳に来る登山者たちも、ちゃんとわかっていて、規則に従ってくれるのだそうだ。

おかげで仕事がスムーズになり、やりやすくなったと千尋はいう。

予約なしでふいに飛び込んできたり、ルールを無視する客はいないのかと訊くと、千尋は否定する。

「天候の悪化だとか、足の痛みが取れないとか、そういったご事情で宿泊を延長される方はたまにいらっしゃいますけど、基本的にみなさん、礼儀正しくルールをきちんと守ってくださる人たちばかりです。万が一、何かあって風評被害は嫌ですし、できれば何事もなく下山していただきたいですね」

山小屋で働くかぎり、やはり遭難事故に際しては、救助活動が必須となる。

父親が管理人だったときから、千尋はいくたびもの事故現場に駆けつけてきた。さいわい無事に下山できた人もいれば、悲しくも命を落とした人もいる。

千尋は現在、長野県上田市に本拠を持つ山岳遭難捜索ネットワーク『マウンテンワークス』にメンバーのひとりとして所属し、北岳のみならず、全国における山岳遭難の現場に駆けつけている。

もちろんオフシーズンも遭難現場にかり出され、多忙な日々である。

二〇二二年秋、肩の小屋の改装が終了した。

空気の流通をうながし、屋内外の換気を良くするために建物の高さを増し、外から眺めると三階建てになったかと見まがうばかりだ。

「改装じゃなく、つまり建て直しをしたってことだね」

小屋を訪れたとき、父の茂がそういったが、まさにそれを実感した。

外から見えるいちばん上の窓は、客室ではなく、〝空気抜き〟のための窓だという。

小屋の内部もまったく違うものになった。天井が高いために空間が広く感じられ、真新しい白木の床板や壁面からはまさに新居の匂いがする。

時代に合わせて姿を変える。そんな臨機応変な自由さがあるのも、私営でやっている山小屋ならではのことだろう。

「変化に対応していくということを、うちの小屋ではモットーにしたいと思っています。それと同時にアットホームな雰囲気だけは変えたくないんです」と、千尋はいう。

インタビューの最後に、先代である父、森本茂へのメッセージを訊いてみた。

彼は少しはにかみながらも、こういった。

「父とは長くいっしょに山小屋をやってきました。だから、これからも末永く、楽しくマイペースでいっしょに肩の小屋をやっていきたいですね」

そんな森本千尋を頼って、今年のシーズンも顔なじみのスタッフたちが集ってくるだろう。六月の小屋開きが楽しみである。

両俣小屋

両俣小屋 DATA

標高2000m。野呂川上流、左俣右俣合流点下流約3000mの左岸に建つ。収容人数30人。6月上旬〜10月末営業。問合せ先☎055-288-2146

（星 美知子）

1

北岳《きただけ》と仙丈ヶ岳《せんじょうたけ》、ふたつの高峰に挟まれた深い谷間。標高二千メートル。

シラビソやダケカンバの疎林に囲まれながら、両俣《りょうまた》小屋は今日も来客を待っている。傍《かたわ》らには淙々《そうそう》たる野呂《のろ》川の瀬音。コマドリやメボソムシクイ、涼やかな鳥の声をBGMに、こぢんまりと建っている山小屋である。

「いらっしゃい。よく来てくれたねえ」

小屋番（彼女に関しては〝管理人〟という呼び方より、こちらのほうがふさわしい気がする）の星美知子《ほしみちこ》は、筆者よりひと世代上なのだが、それを感じさせないほど若々しく、声が弾んでいる。

彼女の足元にいる二匹の猫は、ミーとミー子。星が大好きだった韓流ドラマ『冬のソナタ』の主人公ミニョンからとった名前だという。そんな猫たちが尻尾を立てながら、星に寄り添っている。

「落石が林道のあちこちにあって、車が通行できなくなってたでしょ。車止めと小屋の間、徒歩で二時間ちょっとなんだけど、毎回、猫たちのケージを背負って行き来するのよ。だって犬と違っていっしょに散歩してくれないからねえ」

屈託のない笑顔で、こともなげにいうから驚かされる。

たまに小屋を空け、山を下りて街へ行くと、星は食材を買い込む。ハム、ウインナー、ベーコン、天ぷらの材料となる野菜など。それを自分ひとりでボッカして小屋に戻ってくる。さらに猫二匹とくれば、さぞかし重たかろう。

「若い頃は三十キロぐらいは背負えたんだけど、さすがに今はむり。十五キロから重くて二十キロぐらい。それでも、ふうふういいながら林道を歩いてくるの」

小屋に入ると広い土間があり、左手には板の間。炬燵《こたつ》があって、きれいにたたまれた布団が壁際に並んでいる。昔は垂直梯子《はしご》で上がっていたという二階も、今ではきちんと階段が取り付けられていた。

奥には食堂。いくつか並んだテーブルと、狭い厨房がある。

収容人数三十名という小さな山小屋だが、アットホームと呼ぶにふさわしい独特の雰囲気に満ちているのは、女性が管理している小屋だからというよりも、星本人のこだわりによるものかもしれない。

夏場などの繁忙期は若者を中心としたアルバイトのスタッフを雇うが、基本的に小屋はひとりで切り盛りしている。

猫たちはそんな彼女にとってかけがえのない存在だ。ペットというよりも家族といえる。

「ミーちゃん。はい、お客さんに挨拶して」

星がいうと、猫の一匹がためらいもなくやってきて、筆者の膝頭に顔を押しつけてスリスリしてくれた。

北岳登山のマイナールートとして知られていた左俣《ひだりまた》コースが荒廃し、通行止めとなっていた。

現在のところ、野呂川上流部から北岳に向かうためには、仙塩尾根《せんしおおね》の野呂川越《のろがわごえ》まで登って南へ向かい、三峰岳《みぶだけ》、間ノ岳《あいのだけ》を経由してゆかねばならず、そのため必然的に、この山小屋を利用する登山者は減った。そのぶん、釣り人の利用が多くなったと星はいう。

何しろここ野呂川の上流部は、希少種であるヤマトイワナが棲息する場所である。広河原《ひろがわら》から上流にかけてはニッコウイワナとの混在があるが、両俣小屋付近はほぼヤマトイワナ。ただしキャッチ&リリース区域であり、釣った魚の持ち帰りは禁止。しかもフライフィッシングやルアーといった疑似餌《ぎじえ》による釣りしかできないルールとなっている。

さらにこの小屋には、釣り人や登山者ばかりではなく、小屋番の星美知子に会いたい――それだけの理由で足繁く訪れる客もいるという。

そんな人たちのことを星は両俣林道族と呼んでいる。そうした常連客たちは、星のことを親しみを込めて「両俣のおねえさん」と呼ぶ。

人に会いにいく山。それが北岳。

そんなスローガンを決め込んで、各山小屋の取材を続けてきた筆者にとって、この両俣小屋の小屋番との出会いこそが、何よりの楽しみだった。

星美知子は一九五〇年、福島市に生まれた。

弟と妹がいて、三人姉弟の長女である。父親は学校の教員だったそうだ。

二十歳まで会津で暮らしていたが、体が弱く、十代は病院通いが多かったという。のみならず高校二年で病気を患って休学もした。

「このままじゃダメダメだよねって思ってね、思い切って予備校に行くという目的で、福島から単身で上京したの」

やがて都内の大学に入学したはいいが、折しも学生運動の真っ盛り。しかも革マル派と中核派がゲバ棒を持って互いに紛争をしていた最中である。そんな世界に星は否応なしに巻き込まれることになる。

「毎日のように、真夜中までみんなで集まって話し合ったりしてね。そんなことをくり返しているうちに、もうひとりの男子学生とふたり、代表に押し上げられてたの。いろんなところに担ぎ出されて大変だったのよ」

しかし彼女自身、そうした学生運動に関してのめり込むどころか、次第に醒《さ》めた目で見るようになったという。

「みんなそれぞれ生真面目だったけど、どこか不器用だったって思う。そのうち、だんだんと、みんながいってることとやってることが違うって感じ始めたのね。内ゲバもあちこちであったし、中には殺された人だっていたし。少しずつ心が離れていったのね」

けっきょく、星は大学を中退した。

前々から出版関係への就職を希望していたという星。在学中は第二文学部すなわち夜学だったため、昼間働けるというメリットを活かして、本の取次店でアルバイトを始め、やがて雑誌社に勤めるようになった。

「本当はね、万葉集を勉強したかったのよ」

もともと文学少女で、とりわけ古典文学が大好きだったという。

そうして出版業界で働くようになったことが、のちに彼女が桂木優名義で著したノンフィクション『41人の嵐』の執筆につながることになる。

ところでそんな星美知子が、いったいなぜ、今のように山に身を置き、そこで生きることになったのだろうか？

「とにかく小さな頃から虚弱だったから、体を鍛えなきゃって思ってた。だったら水泳か、登山だろうなあって。で、きれいな空気を吸っていられる山のほうがいいって、そんな理由で決めたの」

二十一歳で、本の取次店の仲間とともに夜叉神峠《やしゃじんとうげ》に登ったという。

もちろん、いきなり山を始めたからといって、すぐに楽しめるわけがない。

「最初の頃は、二歩進んではハアハア、そんな感じだったねえ」

ところが星はそれからも根気よく登山を続けた。いかに病弱でも、少しずつ登山に馴《な》れてくるし、鍛えればだんだんと強くなっていく。重たい荷物を背負ってハードな山行もできるようになった。

「最初の本格的な縦走登山は北アルプス。表銀座だった。槍《やり》ヶ岳《たけ》のてっぺんに登ってね。それから上高地《かみこうち》に下りた。それで自信がついたのよ。次に南アルプスに挑戦して、甲斐駒《かいこま》ヶ岳《たけ》に登ったんだね。ゴールデンウィークには奥秩父《おくちちぶ》に登ってみたりしたわ」

そして二十二歳のとき、ついに北岳の頂上に立った。

感無量だった。

当時、星は新宿に部屋を借りて住んでいた。

中央線は山へのアプローチとしては便利だ。甲府や韮崎《にらさき》まで電車で行き、そこからバスに乗って南アルプスの山々をめぐった。

それはまだ野呂川沿いの南アルプス林道が開通して間もない頃で、マイカーで広河原までは行けたものの、とりあえず道があるという程度の酷いコンディションだったそうだ。落石も多発していた。

「バスでたまたま隣り合わせになった男性登山者が、広河原に行けただけでも自慢していいっていってたぐらい。大きな木の根っこみたいなものが車の前に落ちているから、外に出てどかそうとしたら、また別の木が上から落ちてきて、それに当たって亡くなった人もいたそうよ」

毎日のように満員電車に揺られる都会の暮らしが、自分には合わないと感じていた。

一方、登山にのめり込んでいくうちに、星はいつしか山で働きたいと強く思うようになっていた。

思い立ったが吉日。その年の六月、星は東京を離れ、山梨へとやってきた。

やはり南アルプスが忘れられなかったのである。

最初の山小屋の仕事は広河原だった。当時、広河原山荘とともに営業をしていた広河原ロッジという国民宿舎があった。経営は山梨交通に委託されていたという。

その広河原ロッジで星はアルバイトのひとりとして働き始めた。

星美知子、二十八歳。一九七八年のことだった。

広河原ロッジは十一月、登山シーズンが終わると閉鎖になるため、冬場は同じ国民宿舎である美《うつく》しが森《もり》の八《や》ヶ岳《たけ》ロッジで働いた。星にとって登山とともに大好きだったスキーが存分に楽しめる職場だったそうだ。

登山シーズンは広河原ロッジ、冬場は八ヶ岳ロッジで働く。そんな仕事を二、三年続けてから、彼女は冬の職場を長野県の白馬《はくば》八方《はっぽう》尾根《おね》スキー場に移した。

「八ヶ岳ロッジでいっしょに働いていた女の子が結婚することになってね。安曇野《あづみの》の穂高《ほたか》神社で式を挙げて、近くの民宿で披露宴があったの。少人数だったけど手作りの結婚式って感じで凄く良かったんだけど、そこで知り合った新郎の友達から、八方尾根で働いてみない？　って誘われたのよ」

最初はスキー場の施設で賄《まかな》いをしていたそうだ。

さすがに大きなスキー場だけあって大勢のスタッフがいたが、その食事の世話をしていた。朝番や遅番などのローテーションを組んで仕事をするが、合間に自由時間がかなり取れるのでスキーは滑り放題だったという。

とにかく大きなスキー場だったから、正月でも百人前後のスタッフを抱えていたそうだ。そのスタッフたちに朝昼晩の食事をきちんと出すためには段取りが大事。大人数の食事を手際よくさばくコツを、いやでも体で覚えることになる。

そうして幾冬かを過ごすうちに、スキーがどんどん上達してきて、やがてスキーパトロールに所属するようになった。

「ゲレンデのどこかで怪我《けが》をしたお客さんがいると連絡が入れば出動して、応急手当をしたり病院に搬送したりね。けっきょく、そんなことが今のここでの仕事の基本になっていたんだって、あとで気づいたんだよね」

そういって星は笑う。

夏山シーズンには広河原ロッジで働き、冬になると八方尾根で働くというくり返し。やがて彼女は三十一歳のときに広河原ロッジを離れ、夏のシーズンは両俣小屋で働くようになった。

「広河原ロッジで働いていたとき、一度だけ足を運んだことがあるの」

先代の管理人だった千野辰美に呼ばれ、仙丈ヶ岳経由で両俣小屋に出向いたという星。

「本当に山奥で、今まで見たことない感じで、とにかく水が美味《おい》しかった」

それが両俣小屋に対する最初の感想だった。

一九八〇年五月、千野が肝硬変を患って亡くなった。その後、広河原小屋（現在の広河原山荘）の管理者が兼任となったので、星は両俣小屋で働きたいと申し出た。

そうして八一年七月から、彼女は両俣小屋に入ることになった。


事件が起こったのは、彼女が小屋に入って二年目のことだった。

一九八二年六月、入山前に星はかつての職場だった広河原ロッジで幾日か過ごして、旧友たちとの親交を楽しんでいた。そんなある日、ロッジの管理人である小林勇が星にこういった。

——大樺《おおかんば》のモミジがいっぱい花をつけている。俺あ、あんなの見たことねえ。

いつもは口数の少ない優しい小林が、そのときばかりは頑固にいいはったという。

そのモミジは十五年間、一度も花を咲かせたことはなかったそうだ。

――今年はなんだかおかしいよ。何かあるよ。星さん両俣に行くな。

星はその言葉がどうしても気になって、自分の足で大樺沢のモミジの木を見に行った。岸辺にせり出すように立つモミジの大木が二本。そのいずれにも無数の花が爛漫《らんまん》と咲いていた。

その予感はおそらく当たったのだろう。

そうしてのちのち長く語り継がれることになる、あの事件が起こる。

八月一日、台風十号の接近。

その日の夜明け前から、野呂川上流部は大雨と風に見舞われていた。そして増水。川の氾濫《はんらん》規模は予想以上で、夜中になると濁流が小屋の前まで来ていた。しかもさらに刻一刻と小屋に迫ってくる。

それがとうとう小屋の中にまで押し寄せてきた。

一階の土間に突如、大きな穴が開いたと思ったら、そこから泥水が噴き出してきたという。靴などが次々とそこに流れ込み、あまつさえ女子大生のひとりが落ちた。

彼女は何とか自力脱出。しかし、こうなるともう小屋を捨てるしかない。

星は宿泊中の大学生らに叫んだ。

――みんな起きて！　小屋が危ない！　裏山に避難だ！

その声にうながされて全員が小屋を脱出し、裏山に登り、傘と雨具だけで身を寄せ合って一夜を過ごした。

翌日、裏山を下りると、両俣小屋は床上浸水の状態だったが、建物は流されずにそこにあった。幕営地でテントを張って夜を過ごしていた別のパーティメンバーたちは、それぞれ独自の判断で脱出し、ひとつは仙塩尾根を辿って仙丈ヶ岳経由で北沢峠《きたざわとうげ》に向かい、もうひとつは野呂川越で小さなテントを張っていた。

やがて雲間から太陽が顔を覗かせ、昨夜の出来事が嘘のように穏やかな天気となった。

両俣小屋周辺の荒れ方は尋常ではなかったという。

小屋そのものも半ば土砂に埋もれて傾いていたが、ここでの生活はどうにか維持できそうだった。被災した宿泊客たちを何とか下山させてやりたいものの、林道の状況が摑《つか》めず、危険箇所もあちこちにあるはずで、けっきょく小屋での待機を余儀なくされた。

台風は両俣上空を過ぎ去った。しかし実はまだ低気圧がしつこく残っていた。

そして八月三日の夜中。予想外の災禍が小屋を襲った。

土砂降りがまた始まっていた。野呂川の水位はたちどころに上昇して小屋に押し寄せる。さらに鉄砲水の襲来である。まさに二日前の悪夢の再現――いや、それ以上の最悪の状況になってしまった。

一カ所の斜面からの濁流の襲来が終わると、すぐに別の場所から水が押し寄せる。まさに鉄砲水の釣瓶《つるべ》打ち。しかも小屋の中に入った濁流の水位はどんどん上がり、全員で避難した二階の床のすぐ下にまで到達したという。

二日前の台風は、裏山に避難してなんとかやり過ごせた。しかし、ここまで状況が悪化したら、もうそれではすまない。小屋自体が全壊すれば戻るべき場所もなくなる。

星は決意した。

避難してきた人々を引き連れて小屋を脱出。仙丈ヶ岳越えで北沢峠へと向かう。そして雨に打ちのめされながら十一時間かけて、ひとりの脱落者も出すことなく、ついに目的地である北沢峠、長衛荘《ちょうえいそう》（現在のこもれび山荘）に到着した。

「今でこそ落ち着いて話せるけど、よくできたなあって思うのよ」

当時のことを語りながら星が笑った。

そんな過酷な経験こそが、星美知子を鍛え上げ、現在の彼女のスタイルを確立したことはたしかだろう。

この台風のあと、広河原小屋の管理者たちは山小屋を下りることになり、星は両俣小屋の管理をしたいと申し入れ、それが認められた。

そして事件の記憶は、のちに彼女の著作『41人の嵐』となって出版されたのである。


午後四時——。

それまで宿泊客らとにこやかに談笑していた星の顔が、ふいに引き締まる。ひとりラジオをつけ、NHKの気象通報を聴きながら、テーブルに向かって天気図に描き込んでいく。

その間、いかな常連客といえども、小屋番との会話は御法度《ごはっと》である。

放送が終わると、彼女は完成した天気図を小屋の出入口脇の壁にふたつのピンで留める。

日本列島周辺の等圧線がていねいに鉛筆で描かれ、低気圧と高気圧の中心気圧の数値が書き込まれ、各地の天気マーク、風向きが詳しく記されている。温暖前線に並ぶ半円マークは赤、寒冷前線の三角は青と、ていねいに塗り分けられている。

星は毎日、これを欠かさずに続けている。

あの台風の事件以来、習慣にしてきたのだという。

山での観天望気《かんてんぼうき》はもちろん重要だが、とりわけ台風に関して、彼女が警戒をゆるめることは決してない。

「接近してくる台風を自分で見極めてね。どれだけの勢力があって、どんなコースを辿っているかとか、できるかぎりのことは知っておかなきゃいけないでしょ」

ひところまでは一日二回の放送があったNHKラジオの気象通報が、今は夕方四時の放送のみとなってしまった。そのことに関して星は大いに不満を洩《も》らす。

「一日一回の情報じゃ、台風が進行するカーブがちゃんと読めないじゃない？　緯度と経度を正確に知るためには、なるべく頻度を多くして情報を知りたいの。だから気象通報が毎日一度しか伝えないんだったら、たとえばニュースの天気予報なんかで、そのたびごとに台風の現在位置を伝えてほしいって思うのよ」

あの年、両俣小屋を襲った大水害から三十七年が過ぎていた。

星美知子は今日も欠かさず天気図を描く。

それは二度とあんな恐ろしいことがあってはならないという願い。そして山小屋を預かる小屋番として、ひとりでも災害に登山者を巻き込みたくないという切なる祈りゆえのことである。

彼女のそんな姿に共感する登山者は多い。

ヤマトイワナを育《はぐく》み、淙々と流れる野呂川の畔《ほとり》に立つ小さな山小屋。

そこに引き寄せられる人々。

静かなひとときの中に、深いドラマが流れてゆく。

2

星美知子は、夏場の繁忙期は午前二時に起床する。

起きたらすぐにご飯を炊くなどして朝食の準備をするが、前の日に客から弁当の注文があったときはそちらを優先する。

「混み合わない時期だったら、ふだん通り朝の四時半からお客さんたちの朝食だから、三時頃に起き出したらじゅうぶん間に合うのね。ひとりでほとんどやれるから、手伝いのスタッフに来てもらってるときも、四時頃までは寝ていてもらうのよ」

この小屋は他の山小屋ほどには朝食の時間が厳密に決まっておらず、いわゆるフレキシブルだ。早寝早発ちの登山者と違い、釣り人はあまり早起きしても意味がないから、朝まずめ（早朝に魚の食いが立つ時間の釣り）を狙うにしてもだいぶ遅れての起床となる。

「うちの今の常連さんは釣りの人が多いからね、朝ご飯が二部制になることも多いの」

釣り人たちがてんでに小屋を出て行く頃になって、星とスタッフは小屋の掃除を始める。トイレや洗面所をきれいにし、布団をたたみ、午前七時ぐらいになってようやく自分たちの食事タイムとなる。


小屋の傍らを流れる野呂川は、ヤマトイワナの宝庫。鮮やかなオレンジ色の腹、体側部に散った同じ色の斑点が実に美しい希少種である。ここら一帯はキャッチ&リリース区域として指定され、釣った魚の放流が義務づけられているため、常に魚影が濃い。登山道から川を見下ろすだけで、コバルトブルーの水の中を悠然と揺れながら泳ぐ岩魚《いわな》たちの姿を見ることができる。

渓流釣り師はなぜか酒好きが多いが、この両俣を訪れる太公望たちもご多分に漏れず、そのようだ。

川から戻ってくると、それぞれ持参の酒を飲みながら釣り談義が始まる。ところが山小屋は午後八時が消灯である。

「まだ飲み足りないっていう人には、外で飲んでってお願いするのよ」

星にいわれ、仕方なく小屋の外で宴会をする客たちもいる。

その晩は常連客やバイトなど、十名ほどが飲んでいたという。が、当然、早発ちの登山客らのテントに彼らの声が届いて迷惑となってしまう。

「もっと小屋から離れたところでお願いっていったら、みんなで山の神のところまで行って、そこで飲み始めたの」

山の神というのは両俣小屋から歩いて三分ぐらいの森の中にある、木造りの小さな祠《ほこら》のことだ。

昔からそこにあって、釘を使わずに社が建てられていたが、大風で屋根が飛んでしまったこともあったらしい。ちなみにこの祠にカップ酒をお供えすると晴れるという言い伝えがあるそうだが、真偽のほどは定かではない。しかし、それを裏付けるような奇妙なエピソードが、その夜はあった。

酔客たちの声がさすがにテント場まで届かないのは良かったが、少しすると小雨が降り始めたという。

心配になった星はライトの光を頼りに見に行った。

「驚いたことにね、ひとりが上半身裸になってエッサエッサと踊ってるのよ。いったいここで何やってんのって思ったら、いつの間にか雨がやんでてね。上を見たら雲間に星が光っていたからびっくりしたねえ」

まさに山の神の真上だけ、ポッカリと口を開くように雲が切れていたという。踊っていたのは常連客のひとりだった。もちろん酔っ払いの戯《たわむ》れだったが、彼がその裸踊りをやめたとたん、またしても雲が閉じて雨が降り始めた。

「だったら、もう一回やってよっていったら、その人、またエッサエッサって踊り始めたんだけど、本当に雲がパッと切れて星が見えてきたの」

やっぱり山の神は酒が好きなんだと彼女はいう。

そんな奇妙な話が、この両俣小屋に実はたくさんある。彼女の許可を得たので、それらをいくつか紹介したい。

【オレンジモンベルさんの話】

ある年の真夏。

午後遅くになって、登山客たちが仙塩尾根から両俣小屋に下りてきた。

ルートの途中に怪我人がいたという報告があった。場所は小屋からの急登が尾根と交わる野呂川越の辺りだという。どうやら男性がひとり足を傷めて座り込んでいるらしい。

星は小屋の常連二名に「ちょっと見てきてもらえる?」といって送り出した。

「うっかりしてふたりに無線機を渡すのを忘れてたのよ。だからバイトの若い子に無線機とスポーツドリンクを持たせて追いかけてもらったのね」

彼らは午後七時ぐらいに怪我人を連れて無事に小屋まで戻ってきた。単独行の中年男性だったそうだ。

本人がいうには、怪我をしてまもない午後三時頃、両俣小屋方面から登ってきた男性の登山者が「小屋から迎えが来るから、ここを動かないでください」といって励ましてくれたそうだ。オレンジ色のモンベルの長袖ジャケットを着ていたといい、男性はその登山者のことをよく覚えていた。

ところがそんな登山者が両俣小屋を通ったという記憶は星にはなかったし、他の客たちも見ていない。

「うちを通過するお客さんにはね、正午を過ぎて仙塩尾根に登ったって、暗くなるまでにどこにもたどり着けないから、小屋に泊まるように必ずいってるのよ」

そもそも、蒸《む》すような真夏の山でそんなジャケットというのも変だし、だいいち星が小屋から怪我人を迎えに行くと決めて常連客たちを送り出したのは午後四時半を回ってから。

だから三時頃に小屋から上がってきた人物が「ここに迎えにくる」などというはずはない。

「それって山の神様だったんじゃないかって、怪我をした人にいったんだけどね。それからそのことを話題にするたび、私たちは敬愛を込めてオレンジモンベルさんなんて呼んでたわねえ」

余談になるが、山から小屋に下ろされた男性は骨折ではなかったものの、足がかなり腫《は》れていた。

それなのに自分は平気だからと、その晩はひとりで酒を飲んでいたそうだ。そうしているうちに痛みがひどくなってきて、水場に行って冷たい水を入れた桶《おけ》に足を突っ込んで冷やしていたという。

「けっきょく翌日になったら自分で歩けなくなって、北沢峠まで車で送っていったのよ。そのときは小屋まで車が入れたから良かったけどね」

【水色乙女さんの話】

これも星がつけたお化け（？）の名前である。

六月のことだった。

すでに梅雨入りしていて、しとしと雨の降るさなか、男性の釣り人がひとり、両俣小屋を訪れた。

顔見知りの常連客で、職業は都内の某私鉄の電車の運転手だという。

「妙にしおれた様子だから、どうしたのって訊いてみたらね。踏切に入ってきた老人を、その人の運転する電車が撥《は》ねちゃったっていうのよ。どうやら自殺だったそうなんだけど」

ショックを受けた彼は、釣りに没頭することでその記憶をまぎらわせようとしていたらしい。

「それが妙なことをいうのよ。野呂川出合《であい》から小屋に向かう林道を歩いていると、小屋の方から来た若い女性ひとりとすれ違ったらしいんだけど、雨が降ってるのに傘も差さずにズックを履いていてね。やけに軽装だし、しかも街で着るような水色のレインコートをはおってたって」

むろん、そんな女性は両俣小屋にはいなかったと星はいう。

「それから、その人のことを水色乙女さんなんて私たちは呼んでたんだけどさ。そんな話をしている最中に、また釣り人がふたりほどうちに着いたのね」

水色のレインコートの女性を見かけなかったかなどと話しているうちに、会話の流れでたまたま星はふたりの職業を知った。

なんとその二名は葬儀社に勤めていて、ともに霊柩車の運転手だという。

「変な偶然というか、さすがに気味悪かったわねえ」

笑いながらいう星は、ちっとも怖がっていない様子だった。

ちなみに葬儀社の仕事をしていても、そのふたりには心霊体験のようなものはいっさいなかったそうだ。


【蠟燭《ろうそく》の怪異】


星が桂木優名義で著した『41人の嵐』のエピソードは、両俣小屋を語る上で欠かすことのできないものだろう。

ところが星はいう。

「実はその翌年も、台風でひどい目に遭ったの」

その年の八月十七日に愛知県に上陸した台風五号は、富士山上空で引っかかったようにそこで丸一日、停滞した。山梨県内各地は大雨に見舞われ、野呂川がふたたび増水し、小屋の入り口近くまで水が到達して地面を大きくえぐっていた。

前年のことがあったものだから、星は裏山に避難用のテントを常設していた。たまたま宿泊客がひとりもいなかったのは幸いだったが、三日間、天候が回復する様子もなく、星はひとり、そのテントの中で必死に経を唱えていたそうだ。

その翌々年になって、『41人の嵐』でともに小屋を脱出した若者のひとり――N大ワンダーフォーゲル部のKが亡くなった。八月三日、中央アルプスを登山中の事故だったという。

それから間もない八月十六日の早朝。いつものように午前三時半に炊飯器のスイッチを入れた星は、真っ暗な中、ストーブの火をつけると、当時はまだ小屋にあった垂直の鉄梯子（現在は階段になっている）の下に蠟燭をともした。

小さな炎が闇を照らしながら、かすかに揺らいでいるのを星はじっと見つめ、なんとなく山で亡くなったKのことを思っていたという。

「そしたらね。それまでかすかに揺れてた蠟燭の炎が、急にピタッと動かなくなったのよ。あれっと思って見ていたら、今度は炎が明るくなったり、暗くなったりをくり返し始めたの」

どこかから隙間風でも入ってくるのかと思った星は、窓や扉を念入りに調べたのだが、風が抜けるような隙間はなかったという。だいいち風が入ってくれば、蠟燭の炎は揺れるはず。それがさっきからピッタリ動かないままだ。

なのにぼうっと明るくなったり、暗くなったりをくり返しているのである。

「そのとき、ふっと思ったの。もしかしてKくんがここに来てる？　って。そしたら蠟燭の炎がまたゆらゆらと揺れ始めたのよ」

Kのことを意識したとたん、蠟燭の明滅がなくなって元通りになったというのだ。

【二階から覗いた顔】

翌年の夏、八月十六日の夜のことだ。

その日は東京から来たS夫妻や、A学院大学の学生たちなど、大勢の宿泊客がいたという。

「みなさん、一階と二階に分かれて寝ていたのね」

その晩、星の知り合いは二階に、一般の客は一階に寝ていた。

真夜中、一階に寝ていたSが目を覚ました。二階の床をドンドンと踏み鳴らして走り回る足音が、ずっと聞こえていたからだ。一定のリズムで、まるで床に輪を描くようにずっと走っているとSは思った。誰が騒いでいるのかわからないが、そのうち一階に下りてくるかもしれない。枕元に置いていた眼鏡を踏まれたら困ると思い、彼は布団の下にしまった。

同じ音を彼の妻も聞いていた。

夜中にいつまでも二階を走り回っているので、うるさいなと思って目を開いた。小屋の発電機は止まっていて、当然、鼻をつまれてもわからないような暗闇である。二階に上るための垂直の鉄梯子は全部で四つ。そのうちのひとつはタオルやTシャツなどが段ごとにかけてあって使えない状態だった。その鉄梯子の上に何気なく視線をやると、四角く開いている二階の床の穴から、誰かの上半身がにゅ〜っと出ていた。

そして目が合ってしまった。白い服の男性だったという。

彼女はゾッとなって、あわてて毛布をかぶった。

そうして、今のはいったい何だったのかと考えているうちに、また眠りに落ちたそうだ。

翌朝の食事で客たちがテーブルに集まって、「真夜中に二階を走り回る人がいて騒がしかった」という話になった。ところが、二階で眠っていたA学院大学の学生など五名は、まったくそのことを知らない。もちろん彼らがそんなことをするはずもない。が、一階に泊まっていた何名かは、やっぱりその足音を聞いていた。

二階の穴から出た顔を見たという彼女は、その場でこういったそうだ。

——そういえばおかしいよね。隣に寝ているうちの人の顔も見えないぐらい真っ暗なのに、なんで（あの顔が）見えたんだろう。目の前の自分の手だって見えなかったのに。

そういえば前の晩は送り盆だったし、誰かがお別れに来たのかと、客たちは騒いでいたそうだ。

S夫妻が東京に戻ってからも怪異があった。

出社したSの血圧が急に上がって職場で倒れたという。救急搬送され、一週間も入院していたのだが、けっきょく原因不明だったらしい。

【後ろに立っていた男】

両俣小屋には昔、薪《まき》ストーブが置いてあった。台風のさなかだった。土間に置いてあったその薪《まき》ストーブを星が焚いていると、男性客がひとり小屋にやってきた。

のちに両俣の常連となるNという人である。

彼は雨の中、仙丈ヶ岳から仙塩尾根を越えて両俣に下りてきたのだが、「山の中で子供の声を聞いた」という話をしていて、最初はちょっと気味が悪かったそうだ。

「とにかく台風だっていうから、早めに来ていたお客さんには泊まらずに帰っていただいたのね。彼はずぶ濡れの姿で夕方の五時頃に着いたから、仕方なく泊めることにしたんだけどね」

Nはあとになって、薪ストーブを焚いていた星の後ろに、男性がひとり立っていたといった。

登山服でも釣り姿でもなく、普通のシャツのようだったという。だからそのときは、地元の村から所用があって来ている青年かと、Nは勝手に想像していたらしい。それきり見かけないので、雨も小やみになったために村に帰ったのではないかと思ったそうだ。

「――なんていってもね。この話にかぎっては、Nくんが私を怖がらせようとして作ったんじゃないかという疑いが拭いきれないんだけどねえ」

そういって星がにっこりと笑う。

【ヘッドランプの客】

九八年の夏の終わり頃のこと。

宿泊客やアルバイトのスタッフたちを交えて食堂のテーブルで夕食をとっているとき、ひとりの男性客がトイレに立った。

すでに外は暗くなっていて、急いで外便所に向かった。

小屋の方に目をやると、闇の中に小さな明かりが見えたという。ヘッドランプをともした人が小屋に入っていくのを彼は目撃した。

――こんなに暗くなってから小屋に着いたんじゃ、また星さんに怒られるだろうに。

そう思いながら用を足し、戻ってくると、さっきの人物が小屋の中に見当たらない。

アルバイトの若者たちが外に出て捜し回ったそうだが、やっぱり見つからなかった。

翌朝、テント泊で来ていた客のひとりが妙なことを星にいった。

昨日、北岳から下りてくるとき、中白根《なかしらね》の頭《あたま》辺りから急に荷物が重くなった。もしや誰かあの辺で遭難でもしてるか、と。

——中白根じゃないけど、滝の上では事故があったよ。見つかったけど。

星はそう答えながら、なんだかゾッとしたそうだ。

さらにその翌日、小雨が降っていたが、数人の客があった。全員が単独行で、テント泊を含めて五名、それぞれが食堂に集まって食事となった。なんとテント泊だった二名は、京都からやってきた僧侶だった。

謎のヘッドランプの客の話になると、僧侶のひとりがこういった。

——その人は子供さんですね。ちょうど地蔵盆でしたので。

すると、彼らの向かい側に座って食事をしていた婦人が急に立ち上がり、興奮した口調でいった。

——今まで、こういうところで誰にも話したことはないんですけど……実は……。

彼女の高校生だった息子が十三年前、甲斐駒で亡くなっていた。この年は、その十三回忌に当たっていたという。息子が亡くなって以来、彼女は山歩きをしては供養をしているそうだ。

そんなさなか、たまたまここで会った僧侶の話を聞いてハッとなった。

彼女は感極まって泣いていたと、星はいった。

「甲斐駒で亡くなった人の霊がどうして両俣に来たのかわかんないけど、ちょうどあの晩、若いバイトの子たちがワイワイとここで騒いでいて楽しそうだったのかもしれないって、お坊さんたちはいってたね」

そのとき、近くに座っていた別の女性がこういった。

——徳の高いお坊さんは頭がとがっているけど、金勘定ばかりしているお坊さんは頭がへこんでるの。

もちろん、ふたりの僧侶は、しっかりと頭が高くてとがっていたという。


昔から山に怪談はつきもの。

しかし、ここ両俣小屋にかぎっていえば、不思議な話、怖い話も、ちょっと笑えたり、心癒やされるものが多くて、小屋番、星美知子の人柄にふさわしいエピソードばかりだなと筆者は思ったのだった。

3

二〇一九年十月十二日、台風十九号（ハギビス）が日本に上陸した。

発生から三九時間で九一五ヘクトパスカルにまで気圧が低下し、瞬間最大風速八五メートルを記録、グァム、サイパンは非常事態宣言。それぞれに基地を持つ米軍も戦力をよそへ待避させた。ところが六日後に日本を襲撃したとき、その台風はすさまじい豪雨による水害を各地にもたらした。大風による被害が予想されたにもかかわらず、国内の被災のほとんどは雨によるものだった。

千曲川《ちくま》、阿武隈川《あぶくま》を始めとする東日本各地で大きな河川が氾濫、堤防が決壊して街や住宅地を濁流が襲った。死者九五名、行方不明者多数という大惨事だった。

前月の九月、千葉や神奈川に風害や長期停電といった大きな打撃を与えた台風十五号の災禍があったにもかかわらず、政府の対応は後手に回り、非常災害対策本部がようやく立ち上がったのは台風通過後というお粗末さ。テレビの報道は目を覆わんばかりの水害のすさまじさを連日のように伝えていた。

筆者の家も土石流災害指定地の際ということもあって、眠れぬ夜を過ごした。さいわい沢の増水はあったものの、停電などもなく、森の木々が倒れて林道を塞いでいたぐらいだった。

台風による増水というと、星美知子が桂木優名義で著した『41人の嵐』のことをいやでも思い出す。

今回の台風が通過する間、やはりあの出来事が頭にあった。

文字通り陸の孤島ともいえる両俣小屋である。同様のことが起こったら「裏山にテントを張って、そこに逃げておくわ」と星は笑っていた。たくましい女性だし、今度もきっと大丈夫だろうと思いつつ、やはり彼女のことを思って、ハラハラしていた一夜だった。

翌朝いちばん、北岳山荘に電話を入れた。

両俣小屋へのゆいいつの連絡手段は北岳山荘との無線交信。電話に出てくれた若い女性スタッフは台風の翌朝、両俣小屋からの定時交信があったことを伝えてくれ、星が無事だったと知ってホッとした。

のちに知った現地からの報告によれば、テント場に大量の土砂の流入があり、水場も使用不可。さらに小屋裏に崩落箇所があったが、小屋そのものに被害はなかったという。もちろん星も猫たちも無事だった。

◇
「今はインターネットの時代なのよね」

そういいながら、両俣小屋の食堂のテーブルで星美知子は焼酎のお湯割りをマグカップでグビリと飲んだ。

二〇一九年七月の取材のときである。

彼女の好物は山梨県韮崎市にある駅前の店「うさぎや」の大福。そして鹿児島の芋焼酎。宿泊客たちはよく知っていて、たびたび小屋に差し入れにくる。常連客のみならず多くがネットの話題でそれを知るのだという。

ところが筆者は無粋にもジャック・ダニエルなんてウイスキーを、それもワイン用のプラティパスに入れて、小屋に持参してしまった。

「いいの、いいの。それはあなたが飲んで。私はこっちをいただくから」

昔に比べるとだいぶ酒に弱くなったと遠慮がちにいいつつ、星は眼鏡を曇《くも》らせながら美味《うま》そうに焼酎のお湯割りをすすった。

他の山小屋の管理人から聞いた彼女のイメージは、酒豪の女性で、くわえ煙草で天気図を描いているというもの。その姿がなんともかっこよく思え、勝手に憧れていたのである。

ところが酒はともかく煙草のほうは、だいぶ前にやめたと星はいう。

「あるとき、営林局の都合で小屋までの林道に車を入れられなくなったことがあってねえ。しかたなく出合から荷物をいっぱいボッカして、やっとこさ小屋まで運べたの。疲れたっていうよりも、なんだかむしょうに腹が立ってね。そのときのストレスが元で胃潰瘍《いかいよう》になっちゃったのよ。その場でお医者さんから禁煙をいいわたされて、それ以来だねえ」

しかし結果的には煙草をやめて良かったのだろう。

初めて彼女と電話で話を交わしたとき、なんと若々しい声なんだろうかと思ったものだ。それに実際に会ってみると、顔色も良く、肌がつやつやして健康そのもの。まさに山の女性というイメージがある。

しかも彼女は決して時代遅れでも頑固でもない。

まれに登山者を厳しく叱咤《しった》することもあるが、いつもはにこやかで優しい山の女傑なのである。

「ガンダムくんって呼んでたアルバイトの男の子がいたのよ」

渾名《あだな》の通り、アニメが大好きだったという。

夏休みに山小屋で手伝いをさせようと、母親が連れてきた。ところが本人、仕事をするどころか、日がな一日、二階に上がってゲームばかりしている。あげく、小型ゲーム機の単四電池が切れてしまって、星が麓に買い出しに行く際、「電池を買ってきて」と頼まれたという。

それでも星は叱りつけたりはしなかった。

「あるとき、うちの姪っ子たちが手伝いに来たら、そのガンダムくんはすっかり馴染《なじ》んじゃって、ゲームなんてしなくなってたの。川で水遊びをしたり、みんなと外に出かけてはいろんな趣味を楽しむようになったのよ」

星はけっして少年を放置したわけではなく、彼がここに馴染むきっかけを待っていたのではないかと筆者は思う。それはこの小屋が持っているある種のパワーというか、さながら両俣小屋マジックとでもいうべきものだろう。

ガンダムくんはその名の通り、『機動戦士ガンダム』のシリーズが大好きで、マニアックで複雑な作品の世界設定をホワイトボードに詳しく書きながら、星に解説していた。そんなわけで当の星自身も、彼の影響でこのアニメを観るようになり、最近のお気に入りは『新世紀エヴァンゲリオン』だというから驚く。

子供だからとけっして上から目線で見ず、ちゃんと同じ視線の高さで、その世界観を楽しむ人なのである。ちなみにそのガンダムくん。のちに専門学校を卒業し、大手ゲームメーカーに就職したという。

クマの話になった。

筆者もよく遭遇するから、必然的な話題である。

両俣小屋近辺から野呂川林道一帯はツキノワグマの出没が多い。だから、筆者も取材の際は腰にベアスプレーをぶら下げて林道を歩き、釣りのときも忘れずに携行した。

星自身、クマには四回ほど遭遇したという。

「最初のときはね、うちの近くで釣りをしていた人がクマに遭ったの」

ずいぶん昔の話だと彼女はいった。

たしか午前八時頃だった。クマがいると騒ぎながら、釣り人があわてて戻ってきたので、星は小屋を出てその現場に行ってみた。小屋から二〇メートルばかり上流だったそうだ。

ちょうど川向こうにクマが渡ったところだった。

「小屋から持ち出した金物をガンガン叩いたのよ。そしたら、わかってるよ！ という感じでこっちのほうをちらっと振り向いたの。それからガレ場を一気に登っていって見えなくなっちゃったけど」

それが星のクマ初体験。

クマという生き物がこんなところに来るんだと思ったそうだ。

「二度目はボッカしてるときなのよ」

缶ビールをたくさん運んでいてさすがに重かったそうだ。汗水流して林道を歩き、ガレ場の上り坂にやってきたとき、ふと気配を感じて視線をやった。

クマがいた。

一〇メートルばかり前方で、前肢を岩にかけたまま、こっちを見ていたそうだ。

「どうしようかなって思ったの」

一〇メートルといえば、かなり近い。俊足のクマなら、一気に間合いを詰められる。逃げるわけにはいかない。背中を向けて走ったら追いかけられる。そう思いながら緊張していた。

そのとき、川のほうから一陣の風が吹いてきた。

「汗ふきのために首にかけてたタオルがね、その風でふわっと大きくひるがえったのよ。そしたら、クマがびっくりしたみたいね」

あっという間に向こうが逃げ出したという。

もともとツキノワグマは臆病な動物で、かれらは人間が怖い存在だと思っている。だから、こうしたきっかけがあれば向こうから逃走してくれる。ところが中にはびっくりした勢いでかかってくることもあるから、ただ脅かせばいいというものではない。クマに逃走してもらうためには、やはりそれなりの条件がなければならない。それはクマに逃げる隙を与えること。そのためには遭遇の距離が重要で、至近距離でバッタリと出遭ったら、間髪《かんはつ》を容《い》れず驚いてかかってくることもある。出遭い頭に襲撃されるのは、だいたいそういうケースだ。

車で走っていて出遭ったこともあると、星はいう。

「何年か前の小屋仕舞い間近のことだったんだけど、雪が降り出す前にって最後の買い出しに出かけていったのね」

当時は今のように林道のひどい崖崩れはなく、野呂川出合から林道終点までふつうに車で入れたそうだ。

その林道の途中に「両俣小屋へ　林道のぼり　43分17秒」と書かれた有名な道標が立てられている（どうして秒まで書いてあるのか、取材中に質問するのを忘れた）。

その道標のところにクマがいたという。

思わず星はブレーキを踏んだ。そのままクマを避けて先に行きたかったのだが、車内にいてもやっぱり怖かったそうだ。

「けっきょく、おそるおそる車をバックさせてから切り返してね。小屋のほうに走らせて、林道終点まで車で戻っちゃった」

あとでまたその看板のところを通ると、さすがにもうクマはいなかったそうだ。

両俣小屋の周囲でもけっこう出没が多い。

四度目の遭遇はテント場でだった。

一九八二年夏の台風で小屋が半壊状態になる以前、テント場は上流側の山の神の付近にあったが、そこが荒れてしまい、今は小屋の下流側に幕営指定地がある。

見つけたのはアルバイトの男子だったそうだ。

「星さん。あれ、クマですよね!」

声を聞きつけて彼女が行ってみると、ちょうど山の側から下りてきたクマが、テント場の傍を通り、川に下りたところだった。

見ているうちにクマは悠然と川を渡り、向こう岸に行った。

「すぐに小屋から爆竹《ばくちく》を持ってきてね。バンバンやったのよ」

しかし、クマは素知らぬ顔で対岸の山の斜面を登っていったそうだ。

同じ日に小屋近くの林道終点などで、複数の宿泊客がクマを目撃していたらしい。

このときの取材で、さいわい筆者はクマとの遭遇はしなかったが、無事に我が家に帰宅して数日後、愛犬の散歩で裏山に入ったとき、バッタリ出遭ってしまった。

体長一メートルぐらいのクマだった。

筆者は実は渓流釣りなどで何度もクマに遭遇しているのだが、そのたびに棒立ちになってしまう。腰にちゃんとベアスプレーをつけているにもかかわらず、その存在を忘れているのだから意味がない。

不思議なことにクマという生き物は、こちらが緊張して身がまえているときには出くわさず、危険を忘れて、のほほんとして歩いているときに遭遇するものである。天災は忘れた頃にやってくるというが、野生動物も同じだったとは興味深い。

両俣小屋の小屋番として、登山者や登山一般に関して、何かいいたいことはありますかと訊ねてみた。

そこで思いがけず出てきたことは、山を走る人々についてだった。

ちまたで流行のトレイルランのことではない。

〈トランスジャパンアルプスレース（略してＴＪＡＲ）〉という競技がある。日本海側の魚津市からスタートし、北アルプス、中央アルプス、南アルプスを縦断、三十カ所のチェックポイントを経て、食料は山小屋、食堂などで済ませ、宿泊はテントやツェルトでの露営のみ。太平洋側の駿河湾、大浜海岸まで、およそ四一五キロという距離を八日以内に走破するというハードな競技だ。

二〇〇二年に第一回があり、以来、二年に一度の開催。第九回目となった二〇一八年には、例年通り三十名の選手が出走、二十七名が完走している。

その本戦出場の三十名を選ぶ選考会は、駒ヶ根高原を出発、市野瀬を経て仙丈ヶ岳経由で両俣小屋に到達。さらに翌日は北沢峠を越えて仙流荘《せんりゅうそう》でゴールという一泊二日のコースであった。なんと筆記試験もあるという。

レースがＮＨＫのドキュメンタリー番組で放送されたこともあって、出場希望者は多いそうだ。

ある日、夜中の一時半頃だった。

当日は、〈ＴＪＡＲ〉レースの選考会が行われていた。

雨がずいぶん降っていたが、両俣小屋に泊まっていた〈ＴＪＡＲ〉のスタッフのひとりが外に出て、キャンプ場で異変を見つけた。

「森の中にペッタンコに潰れたツェルトがあるっていうのよ」

そのスタッフが行ってみたら、果たしてその中に男性がひとり寝ていたそうだ。

急いで小屋に運び、炬燵に入れて毛布でくるんでから寝ていた星を起こした。

ところがツェルトで意識を失っていた当人は、レースとはまるで無関係の人だった。

「勝手にスタート地点で紛れ込んで、いっしょに山を走り出したらしいの」

容態がなかなかよくならないため、小屋のスタッフのひとりが夜中にもかかわらず、携帯電話が通じる山の上まで行って、待機してくれていた。

やがて当人の意識が回復した。思ったよりも元気そうだった。

「翌朝になって、元気になったからヘリの救助はいいですといってねえ。〝すみません、すみません〟と謝りながら、布団をたたみ、掃除までして、林道を帰っていったの。あの夜、たまたまスタッフが潰れたツェルトを見つけたから良かったようなものの、そうでなかったらきっと命はなかったね」

〈TJAR〉の主催者側に、外部の人向けのガイドラインを作ってほしいと星はいう。

出場選手たちには注意事項等が書面で配られるだろうが、勝手に真似をする人がいて、それが危ないのである。

「過酷な山のスポーツにちゃんと馴れていて、自分の限界をわきまえている選手ならいいのね。そういう人たちなら身を守る最低限のツールはザックに入れて走ってるけど、ダメな人ほど楽観的になるのか、危なっかしいほど軽装なのよ」

すさまじい嵐の中を、雨具もつけずに夜通し走っている者がいるという。

「どんなに体力に自信があってもね。悪天候には勝てっこないんだから」

本選に出場する選手も、レースの途中で両俣小屋に立ち寄る。

さすがに選考会を突破しただけあって、彼らは凄いと星は驚く。

「仙丈ヶ岳から塩見岳を目指す途中で仙塩尾根を走るんだけど、そこからここまで駆け下りてきた選手がいてねえ。あわただしく朝ご飯を食べたら、すぐにまた飛び出していくのよ。その人、十位以内でゴールしたっていう話だけど」

大会のルールで山小屋での食事は可だが、仮眠などは禁止。用便も必ず山小屋でする。小屋の利用時間は朝の五時から十八時までを厳守。施設での食事、買い物、入浴はいいが、長時間の滞在は禁止。

なかなかすさまじい競技である。

ちなみに〈TJAR〉の公式サイトには「協力」として両俣小屋の名も列記されて

いる。

取材の最後に筆者は星にこう訊ねてみた。

——この小さな小屋にいつもひとりでいて、寂しくなったことはないですか？

すると星は、膝の上に載せた猫を撫《な》でながら、眼鏡の奥で目を細めた。

「寂しいと思ったことなんて一度もないのよ」

本当に嬉しそうに彼女はそういう。

「だって、天気に恵まれずに、何日もお客さんが来ない日だってありますよね？」

「そんなときは静かに本を読んだり、猫と遊んだりしてるから」

彼女の膝の上にいる猫も、幸せそうに喉を鳴らしている。

「森が豊かで、美しい川が流れていて、夜になれば星がきれい。そんな自然がここにはいっぱいで、そこにお客さんが来てくれて、みなさんがいい人ばっかりだしね。だから下界にいるよりも、ここにいるほうが心が落ち着くの」

そんな星の姿を見ていると、筆者も微笑《ほほえ》ましい気持ちになってきた。

ここは深山幽谷にある桃源郷。

山を愛し、岩魚を愛し、自然が大好きな人々にとっての天国だ。

だからみんな星を慕って、毎年のようにこの小さな山小屋を訪れるのだ。

都会でつらい日々を送っていると、ふっとこの両俣小屋のことが思い浮かび、矢も盾もたまらなくなって、ここにやってくるのだろう。

とりわけこの年は、週末や連休のたびに大型台風などの影響で悪天候が引き起こされ、山小屋の経営はかなり大変だったはず。両俣小屋も今回の台風がもたらした荒廃によって、二〇一九年度は通常の営業終了である十一月を待たずに、早々と小屋仕舞いとなってしまった。

しかし決して彼女は悲観しない。

きっとまた次の年がある。

山は消えたり、どこかに逃げていってしまったりしないのだから。

そうして星美知子は、来年も、この両俣小屋で猫たちと来客を待っているだろう。

両俣小屋取材記——二〇一九年七月

本書『北岳山小屋物語』は白根御池《しらねおいけ》小屋から始まって、広河原《ひろがわら》山荘、北岳山荘、北岳肩《かた》の小屋と取材を重ねてきた。その末尾を飾るのが両俣小屋だった。

ここは北岳登山のメインルートから外れた場所にあるため、たまたま筆者の私はそれまで訪れることはなかった。小屋番の星美知子さんも、名物女将としてのいろいろなエピソードは耳にしているものの、実際にお会いしたことはない。

――北岳は人に会いに行く山。

それが自分のこだわりだった。

それぞれの小屋の管理人、小屋番、そしてスタッフたちが、個性豊かで魅力的。だから自分にとって北岳登山の目的は、山頂を極めることよりも彼らに会いに行くこと。となると、やはり両俣小屋のおねえさんこと星さんに会わなければ、看板に偽り〝あり〟ということになる。

今までは山小屋が閉鎖されるオフシーズンに、管理人やスタッフたちと麓でお会いして取材することが多かった。だが、どうせなら山小屋に足を運び、そこでご本人からいろいろな話をうかがうのがよさそうだ。

何よりもそれが両俣小屋の取材にふさわしいような気がした。

私の取材はＩＣレコーダーのような録音装置は使わず、相手と対話をしながら、その場でタッチタイピングでパソコンに打ち込んでいくスタイルをとっている。

当然、山小屋にパソコンを持ち込むことになるが、前年、購入したばかりのマイクロソフト社のSurface GOというタブレットパソコンは超小型で軽量、まさに山行取材のツールにうってつけのマシンだ。小さくて打ちづらかったタイプカバーのキイボードにも何とか馴れて、本体とUSBメモリとハブ、専用マウスだけで仕事道具として威力を発揮してくれる。

そして両俣小屋は野呂川の源流部にあり、希少なヤマトイワナが棲息する場所。フライフィッシャーのひとりとしては、やはりあの美しい魚体を手にしてみたい。そう思うとムラムラと釣欲が湧いてくる。

何年ぶりかで毛鉤を巻き、長年の愛用で傷だらけになったハーディのリールと、カディスのパックロッド#3を引っ張り出してきた。さらに冷たい源流の川に立ち込むためにウェーダー（胴付き長靴）が必要となる。

小型とはいえパソコン、そしてフライフィッシングの道具一式ともなれば、いつも山行に使っている四〇リットルのザックに入りきるはずもなく、これまた本当に久しぶりにREIで購入したクラシカルなフレームパックを背負ってゆくことになった。

バス停から小屋まではずっと林道歩きだし、こんなアメリカンスタイルのバックパッキングもたまにはいいだろう。

折しも梅雨の真っ盛りである。

山登りではない。仕事でインタビューをしにゆくのだから天気なんて関係ないさ——そう自分にいいきかせ、雨傘マークが並んだ七月九日と十日で予定を組む。それ以上、先延ばしにすると、原稿の締め切りに間に合わない。

予定通り、九日の早朝に北杜市の我が家を出発、南アルプス市営芦安《あしやす》第二駐車場に車を停めて乗合タクシーに乗り込んだ。一時間で北岳登山口である広河原に到着。そこでまたバスに乗り換え、北沢峠方面を目指す。

トレッキングの出発点となる、南アルプス林道の野呂川出合バス停で下車。荷物を背負ってストックを突き、歩き出した。

林道は野呂川の左岸に沿って続く。川までの高低差はずいぶんとあって、路肩から見下ろすと高度感が凄い。

写真を撮影しながら歩くが、あまりのんびりとはしていられない。両俣小屋で食事付き宿泊を頼むためには、午後三時の到着が鉄則だという。小屋までの距離はおよそ八キロ、地図上では二時間二十分のコースタイム。途中で食事と休憩を入れて、三時間ちょうどという予定を組んでいた。

高山鳥のメボソムシクイが、シシリシシリとさえずっている。キョロロロというコマドリの美しい声も聞こえる。

この辺りはツキノワグマの生息地である。目撃情報も毎年のようにある。バスへ乗車する前に立ち寄った野呂川広河原インフォメーションセンターでは、顔なじみだった広河原山荘のスタッフ五十川《いかがわ》さんから、「今朝の八時頃、野呂川出合付近にクマが出たそうだよ」といわれていた。カウンターアソールトというアメリカ製のベアスプレーを持参していたので、それを腰にぶら下げておく。

私は今までに七回ぐらい、クマと遭遇している。ありがたいことに、いずれもクマのほうから退散してくれたおかげで、さいわいこのスプレーを使用したことはない。が、いざというときにホルダーから抜いて使えるよう、常に心構えをしておかねばならない。むろん西部劇のガンマンよろしく早撃ちをするなんてむりな話なので、獣臭とか繁みが揺れるとか、クマの気配のようなものを察知した段階でスプレーを手にし、白い安全クリップをいつでも抜けるようにしながら歩くことだ。

ところが、ゆるやかな坂道が続く林道歩きをしているうちに、クマのことはいつの間にか忘れ去っていた。

荷物が重たいのである。

通常の小屋泊まりなら十キロ以下だろうが、今回はそれにくわえてノートパソコンと釣り道具、とりわけブーツタイプのウェーダーが重い。アメリカ製のクラシカルなデザインのフレームパックも、それ自体に重量がある。おそらくすべて込みで十八キロを越えているだろう。

若い頃なら二十キロ近い荷物を背負って西丹沢《にしたんざわ》を歩いたものだが、五十を過ぎてから、めっきり体力の低下を自覚するようになってしまった。思えば前年の春、『山と溪谷』の取材で屋久島宮之浦岳《やくしまみやのうらだけ》に登って以来、登山らしい登山もしていなかった。

そんなわけでゼイゼイと肩で息をしつつ歩いていた。

木の間越し、遥か眼下を流れる野呂川の清流に目をやる余裕もない。

登山を始めた三十代、ピークハントにはほとんど興味がなく、どちらかといえば、こういうふうに水平移動を楽しんでいた。まさにバックパッカーである。渓流沿いにどこまでも歩き、気に入った場所を見つけるとそこでテントを張り、焚火をし、釣りをして何日も過ごしていた。

そんなことを思い出しながら、懸命に歩き続けた。

やがて正午を過ぎ、空腹を感じた。どこかで休憩をとって食事をしようと思った。

ところが、道々あちこちで崖崩れが起こっている。大小の岩塊が積み重なって、道路のほとんどを塞いでいるところもある。そうでない場所も、角が立って凶悪な形状をした大きな岩が道の真ん中にゴロリと落ちていたりする。

ゆっくりと休んでいられるような場所がなかなか見つからない。

ようやく草付きの斜面を見つけた。岩も石も転がってない上、都合よく道を跨ぐように朽ちた大木がいくつかに折れて横たわっている。そこにストックを立てかけてから、荷物を降ろし、朽ち木の上に座っておむすびを食べた。

ゆっくりと咀嚼《そしやく》しながら地図を見て、現在位置はここだなと推測してみたり、星さんにどんな質問をするかを考えていた。

三十分後、荷物を背負ってまた歩き出す。

少し雨がぱらついたが、じきにまた止んだ。が、だんだんと本降りになってくる。林道歩きのいいところは、風さえなければレインウェアを着ずに傘を差して歩けることだ。しかも荷物ごと傘の下になるのでザックカバーもいらない。

ただし、アウトドア用の軽量タイプの傘はたいてい柄が短いので、肘を揚げて持たねばならず、これはかなり疲れる。フレームパックのどこかに傘を縛って固定できないかと本気で考えていた。

それまでずっと遥か下に見下ろしていた野呂川が、いつの間にか目線とほぼ同じ高さを流れていると思ったら、林道終点に到達していた。ネットで何度か見た『小屋まであと１㎞　15・min—普通—（30分）—遅い—』の黄色い看板を目にしてホッとする。

そこからは少し下り坂となり、川の岸辺を伝って歩く。

看板に〝—遅い—〟といわれるのは癪《しゃく》なので、十五分で小屋に到着しようと足早に歩き続け、ふいに前方の木立の下に黄色いテントが見えたと思ったら、目指す両俣小屋が雨降る森の手前に建っていた。

「あらぁ、こんな天気のときに来ちゃったの？」

それが小屋番、星美知子さんの第一声だった。

頭に「両俣てぬぐい」を巻き、眼鏡の奥で優しげな目が細められている。一九五〇年生まれというから私よりもちょうど十歳年上だが、それを感じさせないほど若々しい。

それまで何度か星さん本人と電話でお話をさせてもらっていたし、他の小屋の管理人やスタッフたちからも私が取材にうかがうということは伝わっていたようだ。荷物を降ろして登山靴を脱ぎ、サンダルに履き替えていると、両俣小屋のマスコットである二匹の猫、ミーちゃんとミー子ちゃんが足にすり寄ってくる。

「取材っていうけど、どんなことを話せばいいのかしら？」と、猫を撫でながら星さんが訊ねてくる。

「そうですねえ。星さんが小屋番になられたきっかけとか、仕事の苦労と楽しさとか、事故や事件、そんなお話をうかがいたいですね」

とりわけ彼女自身が著した『41人の嵐』――今から四十年近く前、この山小屋にふりかかったすさまじい台風災害の物語を、取材前に何度か読み返していた。その事件の周辺のことも、ぜひ本人からうかがいたいと思っていた。

このまま夕食の準備時間まで取材をしようかと思いつつ、やはり心は小屋の傍を流れる野呂川に飛んでいるのである。

「夕食は五時半からだけど、それまで〝岩魚ちゃん〟と遊んでくる？」

星さんにいわれ、即座に「はい」と返してしまった。

実は自分がフライフィッシャーで野呂川のヤマトイワナにあこがれているという話を、電話で星さんに伝えていたのだった。

持参したウェーダーを履き、パックロッドを繋《つな》ぎ、リールを取り付けて釣り支度。外は相変わらず雨なので上はレインウェア。毛鉤やティペット（釣り糸）などはすべてウエストポーチに入れて野呂川に立ち込んだ。

もちろんベアスプレーはしっかりと腰につけてある。

私はドライフライ専門。つまり毛鉤を水に浮かせて魚を狙う。水面を漂う水生昆虫に見せかけて毛鉤を流し、魚がくわえたところで竿を立てて合わせるのだ。エサを沈めて当たりを待つ一般の釣りと違って、魚が水中から飛び出してくるんだから、こんな面白い釣りはないと思う。

少し登ったところで一尾。信じられないことに向こう合わせで毛鉤に食いついてきた。

ランディングネットですくうと、小振りとはいえ、お腹がオレンジ色に染まった見事なヤマトイワナだった。

それにしても魚影が濃い。しかも我が家の近所の川のように、釣り人に魚がスレておらず、無防備に毛鉤に飛びついてくるんだから面白い。何気なく浅瀬を見ると、ゆうゆうと岩魚が泳いでいたりする。もっとも、そんな奴らの鼻先にいくら毛鉤を落としても知らん顔なんだけど。

多忙で数年間、渓流釣りから遠のいていたのが、たちまちのめり込んでしまった。

左俣沢出合まで釣り上り、いったん小屋前まで戻って、今度は下流に入渓し、また一尾を釣った。今度は少し大きなヤマトイワナ。その美しさに思わずみとれるほど。釣果は二尾だが、ボウズより遥かにまし。

これで雨さえ降らなければと、うらめしく空を見上げるのである。

やがて夕食の時間が近づいたので小屋に戻った。

長時間の林道歩きをし、ひさびさの渓流釣りで疲れた体にビールが滲《し》みるようだった。

食事はとっても豪華でボリュームがある。ハンバーグに野菜の天ぷら、小皿には付け合わせがたくさん。山の水で炊いたご飯や味噌汁も美味しい。

食後にいよいよ取材の開始である。

焼酎党だという星さん。私は持参したジャック・ダニエル。ふたり向かい合わせでお湯割りをちびちびやりながら会話を進めていった。彼女は猫の一匹を膝に載せ、頭を撫でながらいろいろと話してくれる。

外は相変わらずの雨である。

とりわけ『41人の嵐』のエピソードについて集中して質問した。

一九八二年八月。台風十号が日本列島を直撃。その最中、この野呂川も大増水し、濁流が山小屋を襲った。彼女が両俣に入ってまだ二年目のことだったという。

星さんからその話をうかがっていると、だしぬけに屋根を打つ雨音がすさまじくなった。これはもう臨場感どころか恐怖である。

そのときも、こんな感じで激しく降っていたんですねと私は訊ねた。

「いえいえ、こんなもんじゃないのよ。もっともっと何倍もの雨がまとまって降ってたんだから。川の増水が小屋のすぐ前まで来ていたと思ったら、いきなり小屋の土間に一メートルぐらいある大きな穴がドーンと開いて、そこからものすごい勢いで濁流があふれてきたの。靴が次々と流されたり、その穴に落っこちた女の子もいたのよ。何とか自力で脱出できたんだけどね」

おそらくこれまでに何度となく、大勢の宿泊客たちに語ったであろうエピソードを、星さんはとてもていねいに話してくれる。もちろんその災害については彼女の著作を読んで知っている。けれども、星さんを目の前にして本人の口から話を聞かされるとさすがに迫力が違う。

あのときの出来事をきっかけに、星さんはこの山小屋で毎日、NHKの気象通報を聞いて天気図を描くようになった。当然、この日の午後四時も彼女は天気図を描いていたはずであるが、あいにくと私はその時刻、野呂川に立ち込んで岩魚のことしか頭になかった……。

問わず語りのように話し続ける星さんの前で、私はパソコンのキイボードを夢中で叩いていた。

ミスタイプをすると大変。星さんの話がどんどん進むので、いちいち訂正している余裕がないのだ。だから誤字や誤変換になっても、そのまま打ち続けるしかない。たぶん読み返してみればちゃんとわかるさと、心の中で自分にいい聞かせる。

話題はさらに進み、お客さんやバイトのスタッフたちの話になり、怪談話もいくつかうかがうことができた。

そんなふうにインタビューをするうち、夜も更けていき、とうとうパソコンの内蔵バッテリーがゼロになってしまった。ブラックアウトした液晶を閉じて、本日の取材は終了。

また明日、いくつかお話を聞かせてくださいと星さんにお願いして、「ありがとうございました。お休みなさい」と挨拶。

やがて山小屋は発電機を停め、屋内が真っ暗になった。

ヘッドランプの淡い光の中、パソコンに充電するためにモバイルバッテリーにケーブルを接続し、布団に入って就寝したのだった。

翌朝、昨夜の雨がうそのように空が晴れ渡っていた。

「久しぶりに青空を見たわねえ」

小屋の外で腰に手を当てて、星さんがニッコリと笑った。

本当に気持ちのいい朝だった。

朝食がまたボリューム満点。もちろん美味しいから残さずにすべてたいらげてしまう。それからコーヒーをいただき、インタビューの続きをする。

困ったことに、夜中にモバイルバッテリーから充電していたはずのパソコンが、なぜか内蔵バッテリーはゼロのまま。ちゃんと接続したはずなのにどういうことだ。いろいろためしているうちに、わずかに電源が回復し、「残り三パーセント」と表示される。何とかなりそうだったので、エディタを立ち上げて取材を続けた。

昨夜の取材で打ち込んだはずの文章も、電源が落ちてかなりの行数が保存できずに消えていたため、逐一思い出しながら、もう一度、星さんからうかがう。

合間に無線が飛び込んできた。

野呂川広河原インフォメーションセンターからこっちにテント泊の客が一名向かっ

たという情報。

ここは谷間にある山小屋なので電波が飛ばず、ゆいいつ北岳山荘との無線交信だけが可能である。だから両俣小屋の宿泊予約も北岳山荘経由でするということだ。

取材を終え、バッテリー残量ほぼゼロ近くでパソコンをシャットダウンして閉じた。


荷造りを終えて、フレームパックをよいしょと背負う。

星さんにプレゼントした自著二冊と少し減った酒。飲み干したペットボトルの水のぶん軽くなったはずだが、相変わらず荷物が重たい。

が、心はこの朝の天気のように晴れ晴れとしていた。

最後に猫を抱っこした星さんの写真を撮らせていただき、「じゃあ、また来ます。必ず！」といって握手を交わし、手を振って別れた。

両俣小屋に背を向けて木立の下を歩き出す。

右に流れる野呂川がコバルトブルーにきらめいている。瀬音が耳に心地よい。淵の真ん中に岩魚の魚影が揺れているのを見つけた。

そよ風に揺れる木立の葉叢《はむら》。朝の光が林道にまだら模様を描いている。

近くの森からメボソムシクイの声。

ここはまさに桃源郷だな。ふと、そう思った。

文庫版追記

二〇一九年、台風十九号のため、南アルプス市芦安芦倉の県営林道南アルプス線、広河原から北沢峠間のおよそ十キロの区間で、大規模な土砂崩落が発生し、その箇所が通行止めとなった。

両俣小屋に向かう林道はふたつ、山梨県側から広河原経由で入るか、あるいは長野県側から北沢峠を経て入る。あとは登山ルート、すなわち山越えしかない。

ところが今回の崩落のため、メインの林道のひとつが使えなくなった。

復旧に数年はかかるといわれ、四年が経過した二〇二三年の現在もまだ目途は立っていない。何しろ単純な土砂崩れではなく、場所によっては林道そのものが完全に崩落しているため、よほど大規模な土木工事をしなければ復旧は不可能と思われる。

「とにかくバスが走らないから話にならないのよ。今、調査のため、現場に単管パイプを組んで足場の板を敷いてあるけど、グラグラしてとてもじゃないけど渡れない。

せめて歩いてでもあそこを通れたらいいんだけど、あの様子じゃ、ふつうの人が通行するなんてとても無理ね」

さらに追い打ちをかけたのがコロナ禍である。

二〇二〇年度は北岳全体が入山規制となり、各山小屋の営業もできなかった。両俣小屋も当然、丸一年、営業ができなかった。

「でも、下界の人たちは会社がつぶれたりしてるし、うちは何とかやっていけてるから、まだましだと思ってる」

翌年からまた規制が解除されて入山が許可されたが、相変わらず広河原からの林道は閉鎖中。それまで山梨方面から小屋に向かっていた客は、いやでも長野方面から入ることになる。

そんな窮地を支えてくれたのは常連客たちだった。

両俣小屋には、両俣竜胆《りんどう》愛好会という強力なサポーターたちがいる(竜胆は〝林道〟をもじった名称)。中には毎週のように来てくれる人もいて、キャベツやタマゴなどの食材を自主的に運んできたという。

「けっきょく山小屋って、そこに居着く人たちが良くしていくものなのよ」

とはいえ、肝心の林道がこのままでは、いつまで経っても小屋の経営状態が戻らない。

両俣小屋のファンのひとりとしては、やはり一刻も早く工事が終了し、林道の開通を望むしかないが、現地を知る者に聞くとかなり絶望的な状況だという。


二〇二三年度の営業も始まり、両俣小屋に釣り客が立ち寄るようになった。

「うちに来るみなさんは馴れたもので、ウェーダーを穿《は》いて川に立ち込む者は希《まれ》。ほとんどの釣り人が防寒スパッツに渓流シューズという軽装で岩魚を狙ってるのよ。このゴールデンウィークは北沢峠周辺の小屋に泊まって、両俣まで通ってくる人も多かったわね。中には年間目標千尾を目指した猛者《もさ》もいたんだけど、さすがに腱鞘炎が怖くてやめたって」

近頃は女性の釣り客も増えたという。それも単独で、テント泊だったりする。

昨今、登山の世界で女性のソロキャンパーが増えたことは知っていたが、まさか釣りの分野にまでそういう変化が訪れたとは初耳だった。

「三、四十代のいかにもベテランって感じの女性が多くて、みんなきちんとしてるし、体力もあるから、見ていて頼もしいぐらい」

もちろん小屋に泊まる釣り客はいい人ばかりと星はいうが、野呂川で釣りをする者の中には、林道や川原にゴミを捨てていったり、勝手に焚火をやって無残な焦げ痕《こあと》を残していく人間も少なからずいる。そうしたマナー違反の釣り人に、星は厳しい目を向ける。

「焚火の怖さって、子供の頃から知ってるはずなのにね。もしも西部劇のインディアンがいたら、焚火跡を目印に追跡されて襲撃されるところよ」

そんなジョークを意外な真顔でいうのである。

クマは相変わらず出没する。さいわい、両俣小屋近辺で深刻な事故は起こっていない。

「ここらにいるクマはおとなしい子ばかりみたい」と、星はいう。

あるとき、両俣の幕営地でテントを張っていた人のすぐ後ろを、クマが歩いて通ったという。その客はとっさに逃げたりせず、落ち着いてクマの通過を見ながら、至近距離からの写真をちゃっかり撮影していたそうだ。クマに遭遇したときは、とにかくパニックにならないのがいちばん。そういう意味では模範的な対処だったように思える。

「小屋の近辺は針葉樹が中心の森が広がってて、ドングリなんかがないからクマの食料が少ないの。だから春はウドやフキノトウなどの山菜を食べてるし、夏はアリの巣を掘っているし、秋はキノコ。で、九月を過ぎる頃はいなくなっちゃう」

小屋の周辺にはクマ剝《は》ぎと呼ばれる、樹皮に爪を立てた跡はけっこうあって、とくにシラビソはいい香りがするから、好んで皮剝きをすると星はいう。

相変わらず、彼女は毎日のようにＮＨＫラジオの気象通報を聴きながら天気図を書く。

「台風の意思なんて、そもそもわからないじゃない？　たった一日一回のラジオ放送じゃ、進路が正確に読めないの。空気の層は一万メートルもあるし、けっして一定じゃなく絶えず動いているのよ」と、相変わらずぼやきつつ――。

チロル帽にニッカーボッカーで登山する時代ならいざ知らず、今やラジオの気象通報に天気図なんてアナログにしてアナクロ。何しろスマホでいつでも天気予報は読めるし、雨雲レーダーなどでリアルタイムに気象がわかるご時世だ。

しかもその天気図自体、素人が判読するのは難しい。等圧線に天気マーク、それぞれの中心気圧の数値など。それでもこのやり方に彼女がこだわるのは理由がある。毎日、たんねんに天気図に気象予報を書き込むことで、日本列島を取り巻く天気の変化などがある程度は読めてくる。それを元に登山者や釣り人たちにアドバイスができるようになる。

「今は天気図の用紙を印刷する会社って、ひとつしかないの。そこが販売をやめるっていう噂がいっとき流れて大変だったのよ。あわてて甲府の書店に駆け込んで用紙をいっぱい注文したりして」

彼女の観天望気の能力は、長年の経験によって培われている。

「ずっと山の中にいるとなんとなくわかってくるの。雨が降ってて寒ければいいけど、降ってて暖かいときはちょっと心配。天気が崩れそうになると、間ノ岳がやけに大きく見えたりするのね」

温暖化の影響だろうか。去年の夏、両俣付近が気温三十度になった日があったそうだ。

天候のみならず、地震の前兆もわかることがあるという。

「文字通り、山鳴りが聞こえるの。ゴーンというなんともいえない不気味な音」

二〇一四年に御嶽山《おんたけさん》が噴火したとき、その少し前から硫黄の臭いが届いたと星は証言する。おそらく噴煙の量が増えて、北岳方面に流れてきたものと思われる。

「ミンミンゼミが毎年鳴くようになったし、他にも特定の虫の大量発生があったりね。私みたいにふだん自然の中で遊んでる人は、いやでも異変に気づくはず。何しろここじゃ他に楽しみがないから、五感が敏感になるんだろうね」

そんな異変を見たり感じたりするたび、星は小屋の前に立って、ふと四十年前のあの日の出来事を思い出すのだろう。

「そういえば去年、忘れられない事故があったの」

星は深刻な顔になった。

「女性の単独行でね。登山歴四十年以上っていうベテランの人だった。それが滑落事故を起こして、仙塩尾根から血だらけで下りてきた。私もさすがにびっくりして、これは無線でヘリを呼んだ方がいいよっていうんだけど、どうしても本人が嫌がったのね」

ちょうど都内で私服刑事をしてる男性がふたり、常連客で小屋に来ていたので、彼らに北沢峠まで付き添ってもらって本人を歩かせたという。そこから救急車で搬送となり、女性は病院に運ばれていった。

「刑事さんたちは、伊那の警察署で事情聴取を受けたっていうし、帰りのバスがなくなってパトカーで駅まで送ってもらったんだって」

あとでその女性からお礼と報告の連絡が来た。頸椎《けいつい》を傷めるかなりの重傷だったそうだ。
「そのときは気が張ってて、自分でもわからなかったんでしょうね。背中がちょっと痛んだだけだっていってたぐらいだから。さいわいひどいことにならなくてすんだけど、やっぱりあのときは無理にでもヘリを呼ぶべきだと思ったわ」

拙著『風の渓《たに》　南アルプス山岳救助隊K-9』は、この両俣小屋が主な舞台となり、まさに星美知子をモデルとした女小屋番が登場する。

そこで彼女は、親に見捨てられた孤独な少年を両俣小屋でひと夏預かり、自然の中でともに暮らしながら、少年をたくましく成長させていく。実際に聞いたエピソードを元にして書いた物語である。

親子連れの客が来ることもある。
「父親がね。リリース区間より下流で釣ってきた岩魚をさばくのを、子供に教えていたの。怪我をいとわずに息子くんに刃物を使わせて、ナイフの使い方を学ばせてたのね」

そんなエピソードが両俣小屋にはとてもよく似合う。
日本百名山踏破を目指し、各地の山に登っていた夫婦連れがいた。見事に百の山を登って目標を達成したとたん、夫のほうがあっけなく亡くなってしまったという。ところが妻のほうは落ち込むどころか、いよいよ第二の人生だといって、前よりもたくましく山登りを続け、のみならず七十代にしてロッククライミングまで始めたというから驚かされる。

山という場所は、それだけ人間に気力と活力を与えてくれるのだろう。

「宮城から来てくれる常連さんは、こんなことをいってたわ。まず計画。それから実際に登り、下山してからも思い出にひたる。つまり山って、三回楽しむことができるって」

そういって星は快活に大笑いした。

「人生ってホントに面白い。だから、何ごとも諦めたりせず、とにかく前向きにね。先のことなんてどうなるかわからないから、とにかく今やれることを一生懸命にやるの」

山小屋は今、あちこちで世代交代が始まっている。

しかし両俣小屋だけは、いつまでも星美知子にいてほしいと思う。足繁く小屋に通う彼女のファンたちも、きっと同じ気持ちのはずだ。

単行本あとがき

本書は月刊『山と溪谷』二〇一八年四月号から二〇一九年十二月号に連載してきたノンフィクション「北岳山小屋物語」をまとめて加筆修正したものである。

企画をスタートして以来、およそ二年。最終回を掲載し、あらためて振り返ると、驚きと新鮮な体験のくり返しだった。もとより取材は小説の仕事でも行っていたし、ノンフィクションは実話怪談などでも経験済みである。それが今回、複数の対象者に会うということ——とりわけ山小屋を管理し、そこで働く人々に面会して、彼らの経験談や感想を聞き出し、それぞれの思いをくみとるという、そんな仕事が実に楽しく興味が尽きることがなかった。

山小屋の人々はとにかく個性豊かである。むろんこれまで執筆を通じて様々な人々に会ってはいるが、やはり山で暮らしてきた人々は幾多の経験や苦労を重ねてきているだけあって、ひとつひとつの言葉に重みがあり、人生の彩りが濃いのである。

下界と違って、山は死に近い世界。ゆえに山小屋を管理する者で登山者の遭難あるいは死を目の当たりにしない者はまずいないと思う。そんなことをいくつも重ねてきた彼らの目の奥には、独特の人生観が秘められていた。

問わず語りに次々と語ってくれる人がいる。そうかと思うと、最初は口が重く、いくら話を引き出そうとしてもなかなかままならない人もいる。だから、呼び水のように、こちらから例え話を持ち出したり、他人の体験談を出すと、「そういえば、こんなことがあったな」と話し始め、気がつけばあれこれと長時間にわたって話し続けたりする。

そうした駆け引きも、このインタビュー記事の仕事の醍醐味だった。

自分以外の人物に触れ、その生き様を垣間見せてもらう。それがこんなに面白かったのかと、あらためて思った次第である。

この仕事のきっかけとなった白根御池小屋の髙妻潤一郎さん、奥様の裕子さん。おふたりとの出会いとふれあいがあったからこそ、この企画は実現した。しかしながら、二〇一九年のシーズンをもって、御両名はこの山小屋の管理職を離れることになる。つくづくそのことが残念でならない。

「私たちの気持ちをこのようなかたちで代弁していただき、本当に感謝しています」

髙妻さんたちからそういわれたことが、この仕事を通しての何よりもの喜びだった。

冬が終われば、次の春が必ずやってくる。

広河原山荘も現在の山小屋は老朽化で取り壊され、川の対岸にさらに大きい施設としてリニューアルされる。新しく生まれ変わる山小屋があれば、何も変わることなく昔ながらに営々と登山者を迎えてくれる山小屋もある。

そんな北岳を、筆者はこの先もずっと愛し続けるだろう。


本書の執筆にあたり、多くの人々のお世話になりました。

ご多忙にもかかわらず、筆者のしつこい取材要請に応えて、長時間のインタビューにお付き合いしてくださった各山小屋の管理人、スタッフ、その他、諸々関係者の方々に深く感謝いたします。

また連載原稿に素敵なイラストを添えてくださった吉實恵さん。毎回、赤入れでゲラを真っ赤にして戻していただいた末吉桂子さん。

そして毎月のように遅れがちだった原稿を待ち、編集作業に取り組み、かつまた取材先への事実確認の繰り返しに辛抱強くお付き合いしてくださった月刊『山と溪谷』編集部の神谷浩之さんには、とりわけ頭が下がる思いです。ありがとうございました。

二〇二〇年二月

解説

羽根田 治

樋口明雄さんのことを初めて知ったのは、もう二〇年以上前のことになるだろうか。きっかけは、「キミの書いた本が参考文献として紹介されているよ」という、知人からのメールだった。

数日後、教えらえた本を探して購入し、巻末を見ると、「主な参考文献」の一冊として、たしかに拙著が挙げられていた。ほかにも二冊、私が編集作業を手伝った山岳救助隊の本のタイトルも並んでいた。

北アルプスを舞台に、元SPの主人公らと敵対する男たちの死闘を描いたその本が、『狼は瞑《ねむ》らない』であった。

正直いうと、当時はまだ、山岳冒険小説といわれるジャンルの本にはあまり興味を持てないでいた。古典的名著とされるボブ・ラングレーの『北壁の死闘』と、デズモンド・バグリィの『高い砦』の二冊だけはワクワクしながら読んだが、ほかの山岳冒険小説、ことに国内の著作にはほとんど食指が動かなかった。だから『狼は瞑らない』も、手には取ったものの、さほど期待せずにページをめくりはじめた記憶がある。

だが、読み進めていくうちに、「ん？　今まで読んできた本とはちょっと違うな」ということに気がついた。なにより特徴的だったのは、山の地形や気象、山岳地特有の危険、登山技術、登山用具などのディテールを詳細に描写していることだった。実際に自分の脚で山を歩き、山のことを熟知していなければ、こうは描けない。著者が渓流釣りを趣味としていたことをのちに知り、なるほどと思ったものだった。

さらには、感情移入できる丁寧なキャラクター設定、緊張感を途切れさせないストーリー展開、ところどころに散りばめられているハードボイルド的な要素なども秀逸で、良質な海外の冒険ミステリー小説と遜色なく、一気に読了してしまった。

この一冊で、山岳冒険作家としての樋口さんの存在が強く焼き付けられた。

その後のご活躍には目覚ましいものがある。二〇〇八年に刊行した『約束の地』は日本冒険小説協会大賞や大藪春彦賞を、二〇一〇年の『ミッドナイト・ラン！』は第二回エキナカ書店大賞を受賞した。南アルプス・北岳における山岳救助隊と救助犬の活躍を描いた人気の「南アルプス山岳救助隊K-9シリーズ」は、二〇一二年刊行の一作目以来、もう十一冊を数える。

これら冒険小説ばかりではない。ゲームブック、ライトノベル、怪談実話、エッセイ、脚本など、さまざまなジャンルの本を上梓している。まだ手掛けていないのはノンフィクションぐらいかな、と思っていたら、いつの間にか『山と溪谷』誌上で連載が始まっていた。それをまとめたのが本書、『北岳山小屋物語』である。

この本で取り上げられているのは、K-9シリーズの舞台となる北岳周辺の5つの山小屋（白根御池小屋、広河原山荘、北岳山荘、北岳肩の小屋、両俣小屋）で、管理人へのインタビューを通して、それぞれに個性のある山小屋の素顔——小屋の歴史、小屋明けから小屋閉めに至るまでの日常生活、日々の仕事内容、スタッフの人柄、遭難事故への対応、宿泊客との交流など——を描き出している。

読みはじめてすぐ意外に思ったのは、本編の導入部が山ではなく都会の描写から始まっていたことだった。「どうして?」と思う間もなく、白根御池小屋の管理人夫妻が山小屋で働くアルバイトの面接に来ていることがわかり、それも山小屋の仕事なんだと納得しつつ、気がつけばいつの間にか管理人の語りのなかに引き込まれていた。

街の中で起きた小さな出来事から、管理人の目に映る現代の若者像、アルバイトとしての彼らに求めるもの、山小屋の仕事の実際、白根御池小屋ならではのこだわりへと、淀みのない流れのなかに読者を誘っていく筆致は、見事のひと言に尽きる。

また、山小屋の個性を語るうえでは欠かせない、さまざまなエピソードもあちこちに盛り込まれていて興味深い。それが決して大仰ではなく、話は淡々と進行していく。ともすれば、山小屋のストーブにあたりながら、管理人の話に耳を傾けているような錯覚に陥りそうになるのも、樋口さんの筆の力によるところだろう。

本書は全編を通して、我々が山に登るときに利用する山小屋の現実と裏側を克明に伝える。山という特殊な環境下、インフラが整備されていない自然のなかで生活を営むだけではなく、登山者を迎えて食事と寝場所を提供し、ときに安全をも確保するのが、どれほど大変で過酷なことなのか。頭では理解していても、なかなか実感は伴わないものだ。

だが、樋口さんは南アルプス山麓の北杜市で、〝田舎暮らし〟を二〇年あまりに渡って実践してきており、自然のなかで生活することの厳しさは身に染みている。そういう意味で、山小屋の現実には体験を通した共感がある。管理人が語る苦労話は樋口さんというフィルターを通してアウトプットされるので、言葉が響く。

ただ、樋口さんがほんとうに伝えたかったのは、山小屋のリアルではなく、〝人〟だったのではないだろうか。読み進むに従い、その思いはしだいに強くなっていった。

そして本を閉じたときに強く印象に残ったのは、K-9シリーズの取材のために幾度となく通った山小屋の管理人たちとの交流、管理人や宿泊客を通して日々成長していく若いスタッフたちの姿、先代と次代のお互いへの思い、管理人を慕う常連客の存在——そうした人と人との関係性であった。

本書の「両俣小屋取材記」に、樋口さんは〈北岳は人に会いに行く山〉と書いているが、それを追体験させてくれるのが本書なのだと思う。

もともと『北岳山小屋物語』は二〇二〇年二月に刊行されたものであるが、時を同じくして新型コロナウイルスの感染拡大が始まった。それがほぼ収束を迎えたのと時を同じくして、文庫化が実現した。

文庫化にあたっては、コロナ後を追加取材した新たな五編も収録されている。このわずか三年の間に、管理人が変わった小屋もあれば、場所を移転して新築した小屋もある。ただ、山小屋が変化するのは宿命であり、これからも変わり続けていく。それでもそこが樋口さんにとって「人に会いに行く場所」であることは、おそらく変わるまい。

そんな山を、山小屋を持ち得たことを、羨ましく思わずにはいられない。

（山岳ライター）

■本文監修
岩井信市（昭和大学薬学部教授）
木内祐二（昭和大学医学部教授）
中村浩志（財団法人中村浩志国際鳥類研究所代表理事・信州大学名誉教授）

■参考文献
『41人の嵐』　桂木優（星美知子）・著
『両俣竜胆の記』　星美知子・編

以上、敬称略

■初出
本書は、『山と溪谷』2018年4月号～2019年12月号に掲載した原稿に加筆・修正を加えた『北岳山小屋物語』（2020年2月、山と溪谷社刊）を底本としました。
登場する人物の所属や肩書などは執筆当時のものです。

装幀＝朝倉久美子
帯イラスト＝吉實 恵
地図制作＝株式会社千秋社
連載校正＝末吉桂子
編集＝神谷浩之（山と溪谷社）

北岳山小屋物語

二〇二三年八月五日　初版第一刷発行

著　者　樋口明雄

発行人　川崎深雪
発行所　株式会社　山と溪谷社
郵便番号　一〇一−〇〇五一
東京都千代田区神田神保町一丁目一〇五番地
https://www.yamakei.co.jp/

■乱丁・落丁、及び内容に関するお問合せ先
山と溪谷社自動応答サービス　電話〇三−六七四四−一九〇〇
受付時間／十一時〜十六時（土日、祝日を除く）
メールもご利用ください。
【乱丁・落丁】service@yamakei.co.jp　【内容】info@yamakei.co.jp
■書店・取次様からのご注文先
山と溪谷社受注センター　電話〇四八−四五八−三四五五
ファクス〇四八−四二一−〇五一三
■書店・取次様からのご注文以外のお問合せ先　eigyo@yamakei.co.jp

本文フォーマット・デザイン　岡本一宣デザイン事務所
印刷・製本　大日本印刷株式会社

定価はカバーに表示してあります

Printed in Japan ISBN978-4-635-04971-9